Jakob Landolt

Über das Schicksal

Eine Glaubenssache?

Jakob Landolt

Über das Schicksal

Eine Glaubenssache?

Autor:	© 2017 Jakob Landolt
Einband:	Jakob Landolt Foto: Fortuna
Herstellung/ Verlag:	BoD - Books on Demand In de Tarpen 42 · 22848 Norderstedt
	www.bod.ch info@bod.ch
Printed:	Germany

Bibliographische Information der Deutschen Nationalbibliothek.
Die Deutsche Nationalbibliothek verzeichnet diese Publikation in der Deutschen Nationalbibliographie; detaillierte bibliographische Daten sind im Internet über http://dnb.d-nb.de abrufbar.

Dieses Werk einschliesslich seiner Teile ist urheberrechtlich geschützt. Jede Verwertung ausserhalb der engen Grenzen des Urheberrechtsgesetzes ist ohne schriftliche Zustimmung des Autors unzulässig und strafbar. Das gilt insbesondere für Vervielfältigungen, Übersetzungen in andere Sprachen, Mikroverfilmungen und die Einspeicherung in elektronische Systeme.

 Dieses Buch erscheint parallel als E-Book

Die Vergangenheit können wir nicht mehr beeinflussen, die Zukunft jedoch schon!

Inhaltsverzeichnis

Vorbemerkung	01
Einführung	10

Kapitel 1: *Schicksal* — 12
Was ist Schicksal (Definitionsversuch) — 12
Schicksal in der Antike — 24

Kapitel 2: *Schicksal als Glaubenssache?* — 42
Exkurs Esoterik — 42
Geistiges Heilen — 54
Astrologie (Es steht in den Sternen) — 66
Alles Karma, oder was? — 72
Das magische Denken — 83

Kapitel 3: *Aufstand gegen das Schicksal* — 91
Strategien — 91
Selbstwirksamkeit — 97
Empowerment — 102
Resilienz — 106
Salutogenese — 122
Pathogenese — 126

Kapitel 4: *Interventionsstrategien* — 128
Attribution — 128
Kognition und Schemata — 135
Krise und Krisenintervention — 142
Kritische Lebensereignisse (Life-Event) — 155
Notfallpsychologie und Psychotraumatologie — 166
Psychoonkologie — 183
Thanatologie und Trauer — 188
Schicksal und Sinn — 200
Schicksal und Psychotherapie (Psychoanalyse) — 207

Schlusswort — 211
Glossar (im Glossar erläutert sind Wörter mit diesem Zeichen (↪)) — 212
Literatur und Quellen — 214

Vorbemerkungen

Schicksal, Bestimmung, Los, Vorsehung, höhere Gewalt, Fügung, Destination und Prädestination (Ggs. Universalismus), Geschick, Schickung, Fatum und Tyche: das ist unser Thema. Der Begriff „Destination" beispielsweise wird auch gebraucht als Ort, zu dem man reist. Schicksal hat damit also auch etwas mit Reise und Unterwegssein zu tun. Im Flugverkehr meint man damit das eigentliche Flugziel. Darin enthalten ist somit, neben dem Ziel, auch die Reise, das Dorthingelangen, das Unterwegssein.

Der Begriff „Schicksal" <u>heute</u> hat eher zu tun mit ***Schicksalsschlag***, umschreibt nicht ein Reise- oder Flugziel, sondern ein trauriges, einschneidendes Ereignis, aus dem ein Entrinnen praktisch kaum möglich ist und das Schaden hinterlässt.

„Fatum", der lateinische Begriff dazu, meint begrifflich ein unabänderlicher „Götterspruch", unser Schicksal, unser Verhängnis, unser Verderben, aus dem kein Entrinnen möglich ist und das ein Leben lang gilt. Die Römer deuteten diesen Schicksalsbegriff als „Spruch" (Götterspruch, Weissagung, Orakel, Prophezeiung, Voraussagung, Diktum), der etwas über unsere Zukunft aussagt und sie damit auch bestimmt.

Als Vorbemerkungen zum Thema hier einige Zitate, Sprüche und Weisheiten:

Das Schicksal ist der Regisseur unseres Lebens. Ob du eine Statisten- oder Hauptrolle spielst, entscheidest du selbst!

Hallo Schicksal! Schön, dass du so oft bei mir vorbei schaust und mir immer voll in die Fresse haust…!

Nicht, was wir erleben, sondern *wie wir empfinden*, was wir erleben, macht unser Schicksal aus!
(Marie von Weber-Eschenbach)

Unser Schicksal hängt nicht von den Sternen ab, sondern von unserem Handeln! (William Shakespeare)

Sag niemals nie! Das Schicksal liebt Herausforderungen…!

Auch wenn das Schicksal uns lehrt, andere Wege zu gehen und wir uns trennen müssen, am Ende findet sich das wieder, was zusammen gehört!

Und wenn dich auch das Schicksal von allen Seiten schlägt, bleibt immer noch die Haltung, mit der du es erträgst!

Allerwärts klagt der Mensch Natur und Schicksal an, und sein Schicksal ist doch in der Regel nur Nachklang seines Charakters, seiner Leidenschaften, Fehler und Schwächen.
(Demokrit)

Gegen das Schicksal bist du machtlos!

Komm, Schicksal. Setzt dich zu mir. Lass uns über das Leben plaudern… ich hätte da noch den einen oder anderen Wunsch!

Wer will, ist des Schicksals Freund, wer nicht, sein Knecht!
(Marcus Tullius Cicero)

Das Schicksal mischt die Karten und wir spielen!

Der Charakter des Menschen ist sein Schicksal!

Das menschliche Schicksal ist viel zu ernsthaft, als dass es dem Zufall überlassen werden darf!

Der Mensch kann nichts wollen, wenn er nicht zunächst begriffen hat, dass er auf nichts anderes als auf sich selber zählen kann, dass er allein ist, verlassen auf der Erde inmitten seiner unendlichen Verantwortlichkeiten, ohne Hilfe noch Beistand, ohne ein anderes Ziel als das, das er sich selbst geben wird, ohne ein anderes Schicksal als das, das er sich auf dieser Erde schmieden wird.
(Jean Paul Sartre)

Das Leben ist wie ein Buch – jeden Tag blättert das Schicksal eine Seite um!

Einsamkeit ist der Weg, auf dem das Schicksal den Menschen zu sich selbst führen will.

Schicksal, das wusste er jetzt, kam nicht von irgendwo her, es wuchs im eigenen Innern. (Hermann Hesse)

***

Wer in einem Lexikon Zitate über den Begriff „Schicksal" sucht, wird hundertfach fündig. Das beweisen obige Beispiele. Für die Zwecke dieses Büchleins, welches Sie, liebe Leserin, lieber Leser in den Händen halten, habe ich einige spezielle Zitate auserwählt. Ich habe meine Gründe, dass genau diese von mir herausgegriffen wurden.

Offenbar sind einige Verfasser dieser Sprüche der Meinung, dass man – wenn es um die Frage des Schicksals geht – die Wahl hat zwischen einer Statistenrolle oder einer Hauptrolle. Andere wiederum, das drückt sich in den Zitaten deutlich aus, sind der Meinung, man könne da nichts bewirken und das Schicksal haue einem ganz schön in die Fresse. Und zwar ungefragt! Wieder andere behaupten, die Frage sei nicht, wie wir das Schicksal erleben, sondern wie wir empfinden, wie wir das Schicksal erleben. Als sei das Schicksal nicht als reines Erleben da, sondern nur so, wie wir es empfinden.

Wieder andere Menschen (Zitate) meinen, man sei gegen das Schicksal völlig machtlos. Doch ihre Gegner postulieren sofort, dass es aber auch auf unsere Haltung ankomme und wie wir es ertragen, wenn das Schicksal zuschlage. Cicero bemerkte, dass vieles mit unserem Willen (Wollen) zu tun habe, ob wir des Schicksals Freund oder Knecht seien.

Auch Hermann Hesse wird deutlich, wenn er sagt: „Schicksal, das wusste er jetzt, kam nicht von irgendwo her, es wuchs im eigenen Innern." Schicksal wächst nach ihm also im eigenen Inneren. Also innerhalb unserer Psyche. Unser Schicksal entstammt, Hesse gemäss, somit nicht nur aus dem äusseren Zufall, sondern wird erzeugt in unserem eigenen Inneren. Und mit dem Inneren meinte Hesse zweifelsfrei unser „Selbst", unser „Ich", unser „Ego", unsere „Persönlichkeit".

Noch deutlicher wird etwas im Sprichwort „Der Charakter des Menschen ist sein Schicksal!" ausgesagt. Nämlich: Schicksal sei Charaktersache! Unser Schicksal: auch Charaktersache?

Auch Jean Paul Sartre, der Existenzialist und Philosoph, behauptet in seinem Zitat, dass wir Menschen unser Schicksal auf dieser Erde selber schmieden können. Ganz ähnlich dem Sprichwort: „Jeder ist seinen eigenen Glückes Schmied!"

Sollten wir somit also nichts dem Zufall überlassen? Sollten wir gegen unser Schicksal ankämpfen? Ist denn alles beeinflussbar, alles veränderbar? Und nichts zufällig? Immerhin steht dagegen die Aussage, dass wir dem Schicksal gegenüber machtlos seien. Das Schicksal schlage zu, wo und wie es gerade wolle. Und wir könnten keine Weichen stellen!?

Oder sollten wir doch irgendwie in der Lage sein, unsere Haltung gegenüber dem Schicksal zu ändern? Sollten wir wirklich in der Lage sein, unsere Empfindungen über erlittenes Schicksal zu steuern? Kommt es denn nur auf unseren Willen an?

Und können wir uns gegen den Zufall wirklich zur Wehr setzen? Und wie sollen wir uns dagegen stemmen?

Oder ist Schicksal nur eine Art von Spiel? Aber was für ein Spiel? Ein Schwarzer-Peter-Spiel? Oder ein Schach-Spiel? Haben nicht alle Spiele Regeln, die wir anwenden dürfen und müssen?

Das Schwarzer-Peter-Spiel können wir beeinflussen, in dem wir beispielsweise die Karten zinken und ein Merkmal, etwa ein kleine, unscheinbare Kerbe auf ihr anbringen. Dann aber wird wohl immer derjenige zum Schwarzen Peter erkoren, der diese Karte bereits in seinen Händen hält. Denn wenn der andere Spieler die Zinke erkennt, weshalb sollte er dann die Schwarzen- Peter-Karte freiwillig ziehen?

Aber wie ist es beim Schachspiel? Wie können wir dieses Spiel zinken? Das geht nicht! Hier ist Geist und Genie und Intelligenz, Wille und Voraussicht (Voraussage) gefragt. Man muss die Regeln kennen, muss Geschick zeigen, lange und überlegt nachdenken, viele verschiedene Züge im gedanklichen Innern im Voraus durchspielen und die eigene, wie die gegnerische Strategie erahnen. Oder sie provozieren.

Aber das Schicksal kann auch destruktiv zuschlagen, wo und wie es gerade will. Dagegen können wir kaum etwas unternehmen: Kriege, tödliche Unfälle, Naturkatastrophen, Verbrechen sind nicht (oder kaum und nur wenig) beeinflussbar. Wenn wir uns gerade am falschen Ort und zur falschen Zeit im Auto, Flugzeug, Zug, Boot unterwegs befinden, können wir dem Frontalcrash, dem Absturz, der Entgleisung, der Flutwelle nicht ausweichen. Auch dem Unfall nicht, den ein übermüdeter uns entgegenkommender Fahrer (im Strassenverkehr) in wenigen Minuten verursachen wird. Auch einen Flugzeugabsturz können wir nicht beeinflussen oder die Entgleisung des Zuges.

Das Flugzeug, welches abstürzen wird, kennen wir nicht. Die Ferien sind geplant, wir steigen ein und fliegen los. Wenn wir das Schicksalslos gezogen haben, dass genau in unserem Flugzeug ein Spinner als Pilot sitzt und uns unaufhaltsam in einen Berghang steuert, gibt es daraus kein Entrinnen.

Wir besteigen jeden Morgen zur gleichen Zeit unseren Zug, der uns zur Arbeitsstelle führen wird und erahnen nicht, dass genau dieser Zug bei hoher Geschwindigkeit heute entgleisen wird.

Auch unserem Mörder hinter dem Busch können wir nicht ausweichen, wenn er uns zu töten versucht. Er will vielleicht nur an unsere Barschaft gelangen, auch wenn diese noch so klein ist. Vielleicht wollte er selber uns gar nicht wirklich töten, aber das Messer oder die Kugel trifft unser Herz oder andere wichtige Organe unseres Körpers, so dass wir verbluten, weil niemand unser Schreien hört.

Das ist Schicksal. Unentrinnbares Schicksal. Dagegen können wir nichts tun. Aber davon allein handelt dieses Buch nicht.

Der Untertitel des Buches fragt, ob denn alles auch Glaubenssache ist. Oder ob es, wenigstens teilweise, mit dem Glauben zu tun hat? Oder mit Aberglauben?

Ist menschliches Schicksal Glaubenssache?

Und wie verhält es sich mit dem Glück? Glück kann ja auch Zufall oder Schicksal sein. Ein Lottogewinn etwa. Oder können wir unser Glück gar beeinflussen? Wie verhält es sich mit dem Glück? Ist Glück wirklich nur eine günstige Fügung des Schicksals? Oder hat Glück auch etwas mit Geschick zu tun?

Und was ist mit dem Segen? Oder dem Segnen? Ein kirchlicher Segen ist immer auch eingebunden in ein Ritual. Wir werden durch den Priester oder Abt gesegnet. Was geschieht denn innerhalb der Segnung? Wir erhalten dadurch Gottessegen, seine Gunst, seine Hilfe, seinen Schutz und seine Gnade: Erhalten wir dadurch Schutz vor dem Schicksal?

Segnen meint: ausstatten, beschenken, gewähren, versehen, bedenken, begaben, beglücken, begnaden, zuteilwerden lassen.

Kommen wir damit nicht in die Nähe zur Religion und Esoterik? Und damit zum magischen Denken, welches sowohl in die Nähe zur Religion, wie zur Esoterik führt?

> **Schicksal:**
> Können wir unser Schicksal flehend beeinflussen oder nicht?

Und kann die Psychologie und Philosophie uns Auskunft geben zu unserem Thema? Gibt es hier Forschungsgebiete, die sich mit dem Schicksal beschäftigen?

Diesem Buch würde etwas sehr Wichtiges und Zentrales fehlen, wenn ich nicht ganz zu Beginn etwas näher auf den Begriff des Zufalls eingehen würde.

Schicksal und Zufall, diese beiden Begriffe gehören nahe zueinander. Im normalen Sprachgebrauch werden beide Ausdrücke praktisch oft synonym verwendet, obschon sie nicht dasselbe meinen. Der Terminus „Zufall" ist wertneutraler gesetzt, als der Terminus Schicksal. Zufall ist irgendwie neutral. Er kann zwar alles Mögliche sein: positiv, negativ und auch wertneutral. Den Zufall begleitet oft eine angenehme, überraschende Begleiterscheinung, ein nicht für möglich gehaltenes Zusammentreffen, ein angenehmes Perplex sein. Aber er ist nicht per se schlecht.

„Schicksal" jedoch hat eindeutig eine negative ↪Konnotation. Die im Wort enthaltene Vorstellung ist meist negativ, kaum positiv und kaum wertneutral. Schicksal assoziert den „Schicksalsschlag", ein emotional negatives Erleben. Es assoziiert sich mit höherer Gewalt, schlechter Fügung, bitterem Los, mit einer nicht zu vermeidenden Bestimmung.

Das Schicksal, der Schicksalsschlag verlangt nach einem Motiv, nach einem Grund. Die Frage lautet sogleich: WARUM? Und: WARUM ICH? Irgend etwas will einem das Erlebte, das meist negativ Empfundene sagen. WAS?

Das Schicksal ist das, was sich der Beherrschung entzieht. Es lässt sich nicht verfügbar machen. Es verlangt jedoch, im Gegensatz zum Zufall, nach einer *nachträglichen Sinnstiftung*. Schliesslich muss der erlittene Schicksalsschlag doch irgend einen Sinn oder Grund gehabt haben für den, den er ereilt hat. Irgend einen Sinn muss ihm abzuringen sein, einen Sinn für das weitere (oder bisherige) Leben. Der Schicksalsschlag muss irgendwie auf mich zulaufen, sonst war er sinnlos.

Die *Sinnfrage* begleitet eigentlich jedes schicksalhafte Ereignis. Das, was soeben passiert ist, muss doch einen Sinn gehabt haben! Ein Schicksalsereignis ohne einen dahinter liegenden Sinn, so scheint es uns, ist …unsinnig.

Zufälle sind weit häufiger, als Schicksalsschläge. Wenn wir uns unsere Zeugung vor Augen führen, ist oder scheint es doch rein zufällig, dass genau dieser Samen uns befruchtet hat und nicht jener, obschon mehrere Millionen andere Samen die Befruchtung auch versuchten. Hätte es nämlich ein anderer Samen, mit anderem genetischem Material geschafft, so wären wir nicht derjenige Mensch geworden, der wir jetzt sind.

Und einen Lottogewinn kann man auch nicht erzwingen. Die gewählten Zahlen sind rein zufällig gewählt. Hinter ihnen ergibt sich niemals einen Sinn. Höchstens Zufall!

Ereilt uns jedoch ein Unfall, dann verstehen wir diesen kaum als reinen Zufall. Wir beginnen zu grübeln, weshalb er gerade uns und nicht irgend welche andere Menschen ereilt hat, wir fragen uns, was er wohl zu bedeuten hat, was der Unfall uns sagen will. Und auch wenn wir aus dem Unfall mit schwersten Verletzungen erwachen, fragen wir uns, weshalb wir überlebt haben. Was ist der Grund unseres Überlebens?

Was will uns dieser Unfall sagen? Was hat er zu bedeuten? Weshalb sind wir noch immer am Leben? Warum gerade ich und nicht ein anderer? Wozu das alles?

Solche Fragen stellen wir uns beim reinen Zufall nicht. Wir fragen nicht, was dieser Zufall uns zu sagen hat oder was er für uns bedeutet.

Und doch sind auch die meisten Schicksale rein zufällig. Sie können in den allerwenigsten Fällen vorausgesagt werden. Und da dies nicht möglich ist, bleibt ein Schicksal reiner Zufall.

Dies ist also unser Thema. Es ist nicht einfach. Die einzelnen Kapitel sprechen aus verschiedenen Blickwinkeln zum Thema und manch einer spricht vielleicht nicht immer unser gegenwärtiges Interesse an.

Dies ist jedoch für den Fortlauf des Lesens nicht wichtig. Das Buch folgt keinem linearen Ablauf, die weiteren Ausführungen sind also nicht Vorbedingung für das Verstehen nachfolgender Kapitel.

Auf den ersten Blick scheinen die einzelnen Kapitel nicht in sich zusammen gehörig. Aber bei genauerer Betrachtung bemerken wir, dass das ganze Buch um das eine sich dreht: nämlich immer um unser Schicksal!

Einführung

Ich begrüsse Sie herzlich, liebe Leser, und gratuliere Ihnen zum Kauf dieses Buches, welches über das Schicksal handelt. Gott würfelt nicht, sagte einst Albert Einstein zum Thema. Aber uns hat Gott das Leben geschenkt, mitsamt einem Geist, einem Glauben, einer gewissen Intelligenz, sich vermehrendem Wissen, unterschiedlichsten Gefühlen und lebenslangen Erfahrungen. Damit können wir etwas unternehmen, allenfalls sogar unser Schicksal beeinflussen. Nur gegen den Zufall können wir kaum etwas tun, wenn überhaupt.

Das Buch beginnt mit Definitionsversuchen und der Frage, was Schicksal ist. Hier gehe ich auch auf geschichtliche Aspekte ein. Wir erfahren etwas über die Götterwelt, über die griechischen Moiren, die römischen Parsen (Parzen), die germanischen Nornen, über Ananke und Heimarmene, über Tyche und Fortuna. (**Kapitel 1 - Schicksal**)

In (**Kapitel 2 – Schicksal als Glaubenssache?**) beschreibe ich, wie das Schicksal sich mit unserem Glauben verbindet, wie unser Glaube unser Schicksal beeinflusst. Erlaube mir einen Abstecher in die *törichte* Esoterik, frage mich, ob wirklich alles nur Karma ist und ob wir als karmische Gefangene da nie hinaus kommen. Dann verbinde ich unser Schicksal mit den Sternen (Astrologie), lasse einige gehässige Worte und Flüche gegen die wissenden und deutenden HeilerInnen (Wahrsager, Hexen und Hellsichtige) los, die sich meiner Meinung nach teuflisch bereichern durch ihren unsinnigen Schmalz, den sie verbreiten und beschreibe das magische Denken, das alles im Griff zu haben scheint und an allem Mitschuld trägt, wie wir über das Schicksal denken und empfinden und urteilen.

Im (**Kapitel 3 – Aufstand gegen das Schicksal**) fordere ich Sie, liebe Leserin, lieber Leser auf, sich gegen das Schicksal aufzubäumen, sich zur Wehr zu setzen, persönliche Strategien des

Aufstandes zu entwickeln. Die Frage lautet: Warum sollten wir etwas gegen unser Schicksal unternehmen, wo doch alles unverrückbar in den Sternen steht?

Im (**Kapitel 4 - Interventionsstrategien**) erfahren Sie, welche Gebiete der Geisteswissenschaften sich mit dem Schicksal befassen und welche Strategien, Empfehlungen und Massnahmen diese kennen, dem menschlichen Schicksal entgegen zu treten.

Das Buch ist in einer einfachen und verständlichen Sprache verfasst und erhebt keinen Anspruch auf Wissenschaftlichkeit. Bei den Ausführungen vertrete ich meine Meinung: Sie haben vielleicht eine andere und die gestehe ich Ihnen zu.

Fachausdrücke werden in der Regel im Text sogleich erläutert, damit Sie nicht hin und her blättern müssen.

Quellen sind in der Literatur- und Quellenliste angegeben, die ich jeweils fortlaufend mit der Entstehung dieses Buches vermerkt habe.

Falls Sie das Thema vertiefen wollen, empfehle ich Ihnen den Gebrauch des Internets, wobei Sie mit Stichworten operieren können, die Sie auf viele interessante Seiten führen wird. Sie können viele Themen auch downloaden, was Sie nichts kostet, ausser Speicherplatz oder Papier. Im Internet finden Sie auch entsprechende Fachbücher, die teils jedoch sehr teuer und oft in einer wissenschaftlich, schwierigen Sprache verfasst sind. Über die Gefahren des Internets brauche ich Sie nicht aufzuklären. Glauben Sie nicht alles, aber alles was Sie wollen!

Also jetzt, viel Spass!

Kapitel 1 Schicksal

Definitionsversuche und die Frage, was Schicksal ist. Geschichtliche Aspekte. Götterwelt; die griechischen Moiren, die römischen Parsen (Parzen), die germanischen Nornen, Ananke und Heimarmene, Tyche und Fortuna.

„Schicksal ist das Insgesamt alles Seienden, was das Dasein eines Menschen, eines Volkes usw. beeinflusst, aber nicht vom Menschen selbst geändert werden kann". (Philosophisches Wörterbuch)

Was ist Schicksal (Ein Definitionsversuch)

1. Schicksal ist eine höhere Macht, die das Leben beeinflusst. Es kann ohne sichtlich menschliches Zutun sich ereignen und das Leben entscheidend bestimmen.
2. Das Schicksal kann es gut und schlecht mit dem Leben meinen. Interpretationen sind möglich.
3. Das Schicksal ist ein Ereignis, welches das Leben eines Menschen entscheidend beeinflusst, ohne dass man daran etwas ändern kann.
4. Man kann sich gegen das eigene Schicksal wehren oder ohne Gegenwehr einfach an eine höhere Macht glauben und sich ihr fügen.
5. Schicksal widersetzt sich jeglicher Gerechtigkeit.
6. Schicksal ist jedem Menschen vorbestimmt. Aber wir können unser Schicksal auf verschiedene Weise verarbeiten.
7. Schicksal ist immer Wirklichkeit, nie Fiktion.
8. Jeder einzelne Mensch steht in einem Lebensprozess, der seine Biographie durchläuft.
9. Das Schicksal ist der Teil des Selbst, über den das Selbst die Person nicht entscheiden lässt.
10. Je mehr man sich gegen sein Schicksal sträubt, statt etwas damit anzufangen (z.B. zu akzeptieren), desto übler wird das Schicksal sein (und als solches empfunden), das aus dem Widerstand entsteht.
11. Jedes Schicksal steht zwischen seiner Vergangenheit und seiner Zukunft.

Das **Schicksal** (von altniederländisch *schicksel*, "Fakt"), auch **Geschick** (zu *schicken* "machen, dass etwas geschieht", "Faktum"), lat. **fatum**, griech. *moira*, oder das **Los** (ahd., mhd. *(h)lóz* "Omen", "Orakel") umfasst ein weites Begriffsfeld dessen, was den Lebenslauf des Menschen darstellt oder beeinflusst:

- Einerseits wird als Schicksal eine Art *personifizierte höhere Macht* begriffen, die ohne menschliches Zutun das Leben einer Person entscheidend beeinflusst. Beispiel: "Das Schicksal meint es gut mit ihr", "Er wurde vom Schicksal dazu bestimmt", "Das Schicksal nahm seinen Lauf", oder der *Schicksalsschlag* als *Handlung* der Macht.

- Andererseits versteht man unter Schicksal aber auch die nicht beeinflussbare Bestimmung als persönliches Attribut, das *Los* eines Menschen oder einer Gruppe von Menschen. In diesem Sinne ist es der Inbegriff *unpersönlicher Mächte*. Beispiel: "Sie hat ein trauriges Schicksal".

In den meisten Kulturen gilt das Schicksal als unausweichlicher *Schicksalsschlag*.

- In der Mythologie entwickelte sich der Gedanke des Schicksals als *personifizierte Macht* (die *Schicksalsgottheiten*), die sowohl das individuelle Leben als auch den Weltlauf beherrschen, und das Schicksal dem Menschen "schicken".

Die Einstellung gegenüber dem Schicksal reicht

- von völliger Ergebung (↪ *Fatalismus*)

- über den Glauben an seine Überwindbarkeit (*nimmer sich beugen, / kräftig sich zeigen / rufet die Arme der Götter herbei* - so Goethe)
- bis zur völligen Willensfreiheit des Individuums (↪ *Voluntarismus*)

> Feiger Gedanken
> Bängliches Schwanken,
> Weibisches Zagen,
> Ängstliches Klagen
> Wendet kein Elend,
> Macht dich nicht frei.
>
> Allen Gewalten
> Zum Trutz sich erhalten,
> Nimmer sich beugen,
> Kräftig sich zeigen,
> Rufet die Arme
> Der Götter herbei!

Johann Wolfgang von Goethe

(aus: Quelle: Goethe, Lila. Singspiel, 1777, Erstdruck Theater-Kalender auf das Jahr 1778. 2. Aufzug, 2. Szene, Magus)

Aus der Vorstellung, das Schicksal läge vorbereitet, kommt der Glaube, es gäbe Möglichkeiten, im Voraus zumindest Andeutungen darauf zu bekommen. Dieses Konzept liegt der ganzen Mantik (*Wahrsagerei*) zugrunde.

Im Christentum steht anstelle der Vorstellung des Schicksals die der *göttlichen Vorsehung* (Geschick, Prädestination) verwendet.

Schicksal wird oft in Verbindung mit Karma gebracht, hat jedoch mit der buddhistischen Bedeutung nichts zu tun.

(aus: https://de.wikibooks.org/wiki/Zufall:_Psychologie)

Eine andere Definition lautet:

Schicksal
Griech. *ananke, moira* ; lat. *fatum* : meint die Vorstellung, **dass der Lebenslauf von für den Menschen letzthin nicht** durchschaubaren und nicht verfügbaren übernatürlichen Mächten gelenkt, also ›zugeschickt‹ wird, somit zumindest in seinen Grundzügen vorherbestimmt ist. Mit der Undurchschaubarkeit und Unverfügbarkeit hängt zusammen, dass das Schicksal im Ganzen eher als bedrohlich und feindlich, denn als fürsorgend oder glücksbringend erlebt wird. Ein extremer Schicksalsglaube kann auch zum Fatalismus, einer extremen Form des Geborgenheitsgefühls führen, die handlungsunfähig machen kann.

Der Schicksalsbegriff wird im heutigen Sprachgebrauch im Allgemeinen nur im Zusammenhang mit dem Menschen verwendet, Dinge und Tiere gelten als schicksalslos. In dieser Hinsicht kann er sich sowohl auf die gesamte Menschheitsgeschichte als auch auf das persönliche Leben eines Einzelnen beziehen.

In der antiken Philosophie wird der Schicksalsbegriff noch universal verwendet: Er bezeichnet sowohl eine notwendige, das Naturgeschehen bewegende Kraft (**Demokrit**), als auch die Macht, durch die der Weltlauf (**Heraklit**) oder das individuelle Leben (**Platon**) bestimmt wird. Sogar die griechischen Götter galten als dem Schicksal unterworfen. Das Christentum lehnt den Schicksalsbegriff ab und ersetzt ihn durch die göttliche Vorsehung, die Raum für menschliche **Freiheit** lässt. Dies gilt nicht für die auf **Augustinus** zurückgehende ↳ Prädestinationslehre, nach welcher das menschliche Leben schon vor der Geburt durch Gottes Willen vorherbestimmt ist. Dem entspricht auch die islamische Vorstellung vom Schicksal als ›Kismet‹.

In der Neuzeit wird die Vorstellung eines schicksalhaft in der Natur wirkenden göttlichen Willens endgültig aufgegeben. Natur erscheint nun als ein notwendiger, aber verstehbarer Gesetzeszusammenhang. Die moderne Existenzphilosophie gibt schliesslich auch die Vorstellung einer (göttlichen) Vorsehung im menschlichen Leben gänzlich preis und rückt allein die individuelle Freiheit ins Zentrum. Systemtheoretische Ansätze betonen zwar die Macht des Überindividuellen, fassen dies aber rein funktional auf. Dieser fortschreitenden Entmachtung des Schicksalsbegriffs in der abendländischen Philosophie der Neuzeit steht ein untergründiges Wissen um die Gegenwart des Schicksals im heutigen Alltagsbewusstsein gegenüber. Sie zeigt sich u. a. in vielfachen Versuchen innerhalb der Esoterik, ›dem Schicksal in die Karten zu sehen‹ (Astrologie, Tarot usw.).

(aus: http://www.philosophie-woerterbuch.de / UTB Handwörterbuch)

Im Begriff Schicksal steht das Verb ‚schicken'. Und schicken geht auf geschehen zurück. Daher ist Schicksal das, was geschehen ist oder geschehen wird. Viele Menschen glauben noch heute, dass es keine Zufälle gibt. Wenn es aber keine Zufälle gibt, dann muss doch eine unsichtbare Hand im Spiel sein. Und wenn eine solche Hand im Spiel ist, gibt es dann überhaupt so etwas wie Freiheit und Verantwortung?

Für einen ↪ **Deterministen** (Anhänger einer ursächlichen Vorbestimmtheit allen Geschehens) verbirgt sich hinter allem ein universeller Plan. Für die einen ist es Gott, für die anderen sind es die Sterne oder die Naturgesetze, die unser Schicksal lenken und bestimmen. Im Gegensatz dazu meint die Quantenmechanik, dass alles reiner Zufall sei. Aber einen solchen kann man nicht beweisen.

Wir Menschen stellen in unserem Denken immer Zusammenhänge her, weil wir die Informationsflut nicht verarbeiten können. Die Welt ist viel zu komplex. Daher kommt es wohl auch, dass sich der Glaube an übernatürliche Dinge so hartnäckig hält. Aber übernatürlich meint vor allem: nicht wissend.

Ob wir nun etwas Glauben oder nicht, spielt nicht die entscheidende Rolle. Wichtig ist viel eher, wie wir ganz persönlich mit dem Schicksal umgehen: Bedrückt uns ein unerwartetes Ereignis, macht es uns Angst und lähmt uns? Erkennen wir eine Chance darin? Machen wir das beste daraus?

Es ist wohl eine Tatsache, dass der Mensch sich seit seinem Dasein als denkendes Wesen mit der Schicksalsfrage auseinandersetzt. Das zeigt schon die Tatsache, dass er schon in urgeschichtlichen Zeiten das Schicksal positiv zu seinen Gunsten (persönlich wie kollektiv) zu beeinflussen versuchte. Dies geschah beispielsweise darin, dass er **Opfer** brachte, damit die Götter oder göttlichen Mächte ihm (oder der kollektiven Sippschaft) wohlgesinnt seien. Die Opfergabe zur Beeinflussung höherer Mächte und Gottheiten ist ein pandemisch-kulturelles Phänomen. Sie existiert sowohl in südamerikanischen wie in asiatischen Ländern und Religionen.

Die Opfergabe ist nichts anderes als das Darbieten von verschiedenen Gegenständen Blumen, Früchte, Lebensmittel wie Getreide, Brotfladen, Oel, Fett, Wein, Schalen mit persönlichen Dingen, Düften wie Weihrauch und Myrrhe, Verbrennen von Fleisch und Eingeweiden, Edelmetalle, Waffen, Schmuck, Statuen etc. an eine dem Menschen übergeordnete metaphysische Macht, an die er glaubt und die seine Geschicke lenken (sollen).

Die mehr oder weniger freiwillige Opfergabe hat daher immer auch Aufforderungscharakter. Diese metaphysische Macht kann eine Gottheit sein, ein Schöpfer, Heilsbringer, Himmelsfürst oder ein Götze, aber auch der Teufel, ein Geist und Dämon oder auch Ahnen. Die Opfergabe wird immer von Ritualen begleitet und verbunden. Man kennt sogar richtige Opferfeste. Im Opfer wird gesühnt, gedankt, gelobt, ersucht und erbeten.

Mit seinem Opfer versucht der Mensch positiv oder negativ wirkende Beziehungen zu ausser- oder übermenschlichen Wesen aufzunehmen, um diese zu beeinflussen. Man erwartet Glück, Gesundheit, Potenz, Reichtum, Macht, Kriegsgunst, Beistand etc. Damit will man im Grunde genommen nichts anderes, als das Schicksal beeinflussen, ja sogar steuern.

Man versucht durch Opfergaben, aber auch durch religiöse Riten und Praktiken mit göttlichen Wesen in Verbindung zu treten um von diesen Hilfe und Beistand zu erlangen. Es geht jedoch nicht nur darum mit magischen Mitteln eine erwünschte und erhoffte Reaktion der Götter zu erzwingen, sondern es geht auch um das Zusammenwirken von Gott und Mensch, um das Verbundensein mit ihm. Die antike Bezeichnung für dieses Vorgehen nannte sich Theurgie (griechisch „Gotteswerk")

Neben der Geisterbeschwörung gab es auch das Ritual der Opfergaben an die Ahnen. Man will sie für sich nicht nur wohlgesinnt machen, sondern sie auch in ihrem Jenseits z.B. mit Lebensmitteln versorgen, um sie dann wohlgesonnen zu befragen. Etwa um Rat und Unterstützung. Diese Befragung heisst „Mantik" und es geht hierbei auch um das Wahrsagen. Man war erpicht, durch die Mantik zukünftige Ereignisse vorherzusagen, gegenwärtige oder vergangene Ereignisse zu ermitteln, die sich der Kenntnis des Fragenden entziehen.

Von den christlichen Kirchen wird heute die Mantik, das Wahrsagen, als Aberglauben kritisiert. Von ihnen wird sie heute ganz entschieden abgelehnt. Die Wahrsagerei sei eine Anmassung des Menschen gegenüber Gott und sei mit dem christlichen Glauben unvereinbar, wird argumentiert.

Diese Haltung und Meinung jedoch trifft vielen esoterischen Praktiken, esoterischen HeilerInnen und Heiler mitten ins Herz. Denn oft praktizieren gerade esoterische Praxen dieses unchristliche Wahrsagen. Stichwort: Medium und Channeling (okkulte Kontaktaufnahme). Dies ist mitunter auch der Grund, weshalb viele sog. Hellsichtige, selbst ernannte Heiler und Gesundbeter, Kartenleser, Berufsastrologen und Wahrsager, die verhältnismässig oft in Naturheilpraxen zu finden sind, aus der Kirche ausgetreten sind. Esoterik und christliche Religion stehen miteinander im Clinch, obwohl gerade die römische Kirche in ihrer Geschichte dasselbe (esoterisches Einflussnehmen) über Jahrhunderte auch tat. Die Kirche ist daher sozusagen die Erfinderin dieser Praktik. Hier wie dort werden Engel angerufen, Schutzheilige erkoren und Rituale zelebriert.

Es gab neben Tieropfern auch Menschenopfer. Vielfach waren es Kriegsgefangene oder Erstgeborene, die für religiöse Zwecke ihr Leben lassen mussten. Um sein Schicksal positiv zu beeinflussen und um Unheil abzuwenden, brachte der Mensch in früheren Zeiten auch Menschenopfer dar, wie es etwa im Alten Testament nachzulesen ist. In der Opferung Isaaks, Altes Testament Genesis 22,1 – 19, ist nachzulesen, wie Gott Abraham befahl, seinen Sohn Isaak zu opfern. Im letzten Moment jedoch hält ein Engel Abraham davon ab, seinen Sohn zu töten. Weil jedoch Abraham willens war, ihn zu opfern, wird er für seine Gottesfurcht belohnt. Was ja immer noch seltsam klingt und etwas schräg daher kommt.

Im biblischen Sinne hatte Christus sein Blut für uns Sünder hingegeben und ersetzte damit die Opferung von Menschen. In der katholischen Kirche des Mittelalters wurden dieser Tatsache zum Trotz für schuldig gesprochene Menschen (Hexen, Ungläubige) enthauptet und ihr Blut wurde auf die Richtstätte gegossen. Gleichzeitig wollte man damit natürlich auch Feinde des Glaubens und der Kirche einschüchtern.

Ein Menschenopfer wurde jeweils als die qualitativ höchste Form einer Opfergabe betrachtet. Aus der Archäologie kennen wir eindeutige Richtstätten, an denen Menschen, oft auch junge, kräftige Männer und Frauen, irgend einer Gottheit als Geschenk dargereicht wurden.

Menschenopfer wurden verschieden begründet. Sie dienten einer Gottheit als Nahrung oder man kam damit ihren (vermeintlichen) Forderungen nach oder reagierte beschwichtigend auf ihren Zorn, der sich z.B. in einer Notlage zeigte, wie etwa einer Dürrekatastrophe oder Überschwemmung. Funde von rituell getöteten Menschen verweisen daher oft auf die Bewältigung einer solchen Notlage, wie etwa einer Hungersnot.

Mit dem Menschenopfer beabsichtigte man, sich der Zuwendung einer Gottheit zu versichern, sich seines Zornes zu erwehren, ihn zum Erbarmen zu bringen, damit die Notlage abgewendet würde. Oder aber die Menschen dienten, ganz einfach erklärt, direkt der Ernährung im Sinne des Kannibalismus.

Menschenopfer wurden auch getan, um Kultplätze zu Heiligen und zu Weihen. Damit wollte man sich schützen vor bösen Geistern, deren Wohnsitz man bisher dort annahm. Die Knochen der Getöteten wurden vergraben und auch das in die Erde versickerte Blut sollte eine starke Abwehrkraft gegen Dämonen erzeugen.

Im alten Ägypten gab es Opferungen bei Bestattung eines Herrschers oder Hohepriesters. Diese beigestatteten Getöteten sollten den toten Herrscher ins Reich des Hades begleiten, um ihm im Jenseits zu Diensten zu sein.

Um dem Thema dieses Buches erneut eine Brücke zu bauen, sei hier die Bemerkung erlaubt, dass manche Menschenopfer den Priestern zur Weissagung der Zukunft dienten. Und eine Weissagung der Zukunft will Einfluss nehmen auf das Schicksal, weil nach dem Schicksal gefragt wird. Dies ist ja der Hintergedanke. Das ging sogar so weit, dass nebst der Eingeweideschau auch die Todeszuckungen des Ermordeten zur Weissagung gedeutet wurden.

Ihr Blut galt als Symbol von Vitalität und Lebenskraft. Das Vergiessen von Blut war das Wesentliche an der Opfergabe. Manche opferten sich auch in freiwilligen Ritualen der Selbstverstümmelung. In der Antike waren die Priester der Göttin Kybele alle Eunuchen. Jedes Frühjahr fanden rauschhafte Festzüge statt, bei denen sich Jünglinge in Frauenkleidern mit einem Zeremonienschwert die Genitalien abschnitten, die sie dann in die Menge der Zuschauer warfen.

Durch das Ausbluten lassen des noch lebenden Tieres wird im übertragenen Sinne die ganze Lebenskraft des Tieres entfernt und auf der heiligen Erde, aus welcher das Leben entstammt, vergossen bzw. als Opfergabe an Gott zurückgegeben, von welchem diese Lebenskraft stammt. Das mag bei der Opferung von Menschen ebenfalls so gewesen sein. Nachgewiesen sind Blutopfer, also Richtstätten in Südeuropa bzw. im Mittelmeerraum. Eine verletzte Ehre und eine schwere Schande konnte ebenfalls durch das fliessen von Blut „gereinigt" werden. Dies drückt sich noch heute aus in den sog. Ehrenmorden, die eine solche Schande oder verletzte Ehre zu tilgen vermögen.

Ein letztes Beispiel: Nach erfolgter und gewonnener Varusschlacht (Teutoner Wald, Germanen) wurden Gefangene Römer dem Volks-, Stammes- und Kriegsgott als Dankopfer dargebracht.

Man wollte das Schicksal, vor allem das negative, schädliche und bedrohliche beeinflussen und abwenden.

Obwohl wir in der obigen Definition gehört haben, dass das Schicksal das Insgesamt des Seienden sei und unser Dasein als

Menschen oder als Volk beeinflusse, haben wir gleichzeitig vernommen, dass es von uns Menschen selbst nicht geändert werden könne. Das überrascht jetzt einigermassen, wenn wir uns nochmals die Opferpraxis von uns Menschen und Religionen vor Augen führen. Wenn wir das Schicksal nicht ändern können, warum fragen wir trotzdem danach, wenn wir einen Rat durch Weissagung erbitten? Und warum opferten wir Menschen?

Ja wie verhält es sich denn nun? Ist Schicksal jetzt ungefragt einfach hinzunehmen oder können wir es am Ende doch beeinflussen? Die kirchlichen Praktiken sagen auch hier etwas anderes. Das Segnen wie das Beten hat nämlich ebenfalls die Wurzel in der Annahme, das Geschick, also das Schicksal des Gläubigen verändern zu können. Auch die Absolution ist ein Mittel, Sünden zu vergeben und Verzeihung zu erwirken. Auch diese Handlungen nehmen Einfluss auf das Schicksal von uns Menschen.

Was gilt jetzt? Die Unbeeinflussbarkeit des Schicksals oder die Hintergedanken der Opferpraxis unseres Glaubens? Wir haben ja festgehalten, dass der Sinn des Opferns darin bestehe, die Gesinnung der Götter und hohen Mächte uns Menschen gegenüber wohl zu stimmen. Also können wir unser Schicksal doch irgendwie beeinflussen? Beispielsweise auch durch das Beten? Oder durch Busse tun? Oder auch durch Psychotherapie?

Noch ein letztes Mal zurück: Kennen Sie den Begriff des Herrgottswinkels? Das bezeichnet eine Ecke in der Wohnstube einer katholischen Familie. Darin steht zumindest ein Kruzifix, also ein Kreuz. (cruci fixus: ans Kreuz geheftet), oft aber mehr, nämlich ein Andachtsbildchen eines Schutzheiligen, ein Rosenkranz, Krippenfiguren, geweihte Palmkätzchen, ein Kräuterbündel, Blumen, Fotos von Familienangehörigen oder andere Erinnerungsstücke an Tote.

Die Figur der Mutter Maria steht besonders oft in diesen Herrgottswinkeln. Zusammen sollen sie den Katholiken dabei helfen, sich auf die inneren Werte zu besinnen. Die Kirche versucht so die Bevölkerung von „bösem" Gedankengut fernzuhalten. Im Winkel wurden und werden noch heute Wünsche an Gott ausgesprochen oder es wird um eine gute Ernte gebeten oder dass die Familie zusammenhält und nicht auseinander gerissen wird.

Des weiteren schützen diese Herrgottswinkel das Haus vor Unbill (Feuer), spielen eine Rolle für Gesundheit von Mensch und Hoftieren, schützen vor Blitzschlag und überhaupt vor allem Übel der Welt. Und ganz wichtig: Durch den Herrgottswinkel wird auch Gott direkt in die Wohnung geholt.

Die Madonna im Herrgottswinkel schaut auf die Familie, wenn sie vor der Mahlzeit das Tischgebet spricht, überprüft, ob sich alle Familienmitglieder vor dem Essen auch bekreuzigen. Dadurch gibt der Winkel dem Haus oder der Wohnstube auch eine gewisse Ruhe, denn das Böse bleibt vor der Türe.

Der Brauchtum des palmsonntäglichen geweihten Weidenruten verlangte, dass diese Ruten anschliessend (nach deren Weihung) im Herrgottswinkel der Wohnhäuser angebracht wurden. Die zur Weihnacht verwendeten, getrockneten Ruten dienten der Ausräucherung (des Bösen) von Haus und Hof.

Einer der Zweige wurde in manchen Regionen auf einem Stab angebracht und dann auf dem Winterroggenfeld aufgestellt, in der Hoffnung, dass der Roggen so hoch würde wie die Stange. Dieser "Palmzweig" hielt alle bösen Mächte vom Haus ab und schützte vor Unwetter. Diese Zweige wurden erst nach einem Jahr wieder ausgetauscht.

Auch dies ist im Grunde genommen Einflussnahme auf das Schicksal einer ganzen Familie.

Kennen Sie den Bann? Ein Bann ist nicht nur die Ausweisung oder der Ausschluss aus einer kirchlichen Gemeinschaft. Er ist auch ein Ort mit magischer Kraft und faszinierender Wirkung, die von etwas ausgeht. Es ist also auch eine Gebietsbezeichnung und ein magischer Begriff. Das geht jetzt in das Gebiet des ↪ Okkultismus. In bäuerlich-ländlichen Gegenden wurden Gegenstände vergraben oder in die Landschaft gesetzt, welche das Böse vom Felde und von der Wohnstätte abhalten sollten. Auch die Pest und Cholera sollten abgehalten werden. Oder sie dienten der Vertreibung von Elfen und Alpgeistern. In einer ritualisierten Handlung wird ein Schutzkreis gezogen.

Unsere Vorfahren versuchten sich gegen Geister, Gespenster und andere Bedrohungen zu wehren. Das sollte mit christlichen und vorchristlichen Symbolen in Haus und Stall, mit Kreuzen, Medaillons und Amuletten, mit Hufeisen, Kräutern und Zauberwurzeln, wie mit Zauberbüchern geschehen. Man kannte auch Lärmbräuche, Fruchtbarkeitsrituale und Liebeszauber. Man vergrub Teile von Tierkadavern, Kleider von Menschen, die an Pest oder Cholera erkrankten.

Und wir sollen uns unserem Schicksal einfach so hingeben? Und was ist mit Prophetie? Hier geht es doch um eine Verkündigung einer Botschaft durch Personen, die sich durch einen Gott oder - in der Esoterik - um Personen, die einfach vermeinen, solche Kräfte und Energien in sich zu wissen oder mit solchen in Kontakt zu stehen, dazu berufen sehen (fühlen, meinen).

Propheten sind Fürsprecher, Sendboten, Voraussager und legitimieren ihre Prognose, ihre Botschaft durch den Auftrag eines Gottes. Sie behaupten gegenüber skeptischen Menschen einfach, sie hätten eine Intuition (Empfindung, Erleuchtung, Eingebung), eine Audition (inneres Hören einer Botschaft, akustische Halluzination) oder eine Vision (Erscheinung, Fata Morgana, gesehene Wahrnehmung, optische Halluzination) von diesen Mächten empfangen.

Eine Prophezeiung ist nichts anderes als eine Weissagung oder Verheissung. Sie macht eine Aussage zum Schicksal eines Menschen oder einer Menschengruppe.

Wir haben nun also gehört, dass das Schicksal unabänderlich sei und man sich dagegen nicht stemmen könne. Dann haben wir aber auch erfahren, dass wir Opfer bringen, sogar Menschenopfer, um die Götter uns gnädig zu stimmen. Ebenso haben wir erfahren, dass es die Mantik, das Wahrsagen gibt, welche von der katholischen Kirche abgelehnt wird. Aber auch das Beten sei ein Gesuch um Wunscherfüllung, welches prinzipiell versucht, das Schicksal zu unseren Gunsten zu drehen.

Dann die Ausführungen über den Brauch der Herrgottswinkel und des Bannes. Über die Prophetie. Dabei sei doch unser Schicksal unabänderlich!

Sollen wir uns nun dem Schicksal erwehren oder nicht?

Schicksal in der Antike

Die Götterwelt der Menschheit ist vielfältig. Sie hier in einer Übersicht abzubilden ist unmöglich und würde den Rahmen dieses Buches bei weitem sprengen. Aber im Zusammenhang mit unserem Thema interessant sind die griechischen Moiren.

Die Moiren sind griechischen Ursprungs und die Moira (griechisch Μοῖραι, Μοῖρα) bedeutet „Anteil, Los, Schicksal". Alle drei sind Schicksalsgöttinnen. In der römischen Mythologie hiessen sie „Parzen". Interessant an ihnen ist, dass sie bei gewissen Völkern als höhere Wesen angesehen wurden, die sogar über den Göttern stehend eingestuft wurden. So etwa bei den Etruskern.

Über den Göttern stehend? Einfluss auf diese nehmend? Nun, sicher ist, dass die Moiren für das allen Lebewesen von Geburt an zugeteilte Schicksal stehen. Der Begriff Moira ist in der Regel mit Unheil verbunden und wird oft für den Tod gebraucht (↪ Thanatos). Die Moiren führen alle Menschen nach Ablauf ihrer Lebenszeit dem Ende zu. Sie können aber auch für das Glück des vom Schicksal Begünstigten stehen.

Klotho mit Spinnfaden
Gemälde von Friedrich Paul Thumann (1834 bis 1908)

Die Moiren sind zu dritt. Sie heissen Klotho, Lachesis und Atropos. Klotho wird dargestellt als Spinnerin, Lachesis als Loserin und Atropos als Unabwendbare. Klotho hält daher in Abbildungen eine Spindel. Lachesis ein Losstäbchen oder einen Globus in ihren Händen. Atropos eine Schriftrolle, Schrifttafel oder eine Sonnenuhr, welche die ablaufende Zeit symbolisiert.

Die Moiren, bzw. Klotho, die Spinnerin, spinnt für alle Sterblichen schon bei ihrer Geburt einen Faden, den sog. Lebensfaden. Darin ist das Schicksal hinein gesponnen worden. Wenn die Zeit gekommen ist, muss man ertragen, was im Schicksal in diesen Faden hinein gesponnen worden ist.

Nicht einmal Zeus, als Gottvater, kann das von den Moiren bestimmte Schicksal abändern. Er würde die bestehende Ordnung der Welt, ja sogar des Alls zerstören.

Ernst Albert Fischer, Maler, genannt Fischer-Coerlin (1853 bis 1932)

Die Moiren können auch interpretiert werden als Klotho die Spinnerin, die den Lebensfaden spinnt, Lachesis die Zuteilerin, die des Fadens Länge misst (die Loserin) und Atropos die Unnachgiebige, die den Lebensfaden abschneidet (die Unabwendbare).

Die Parzen sind in der römischen Mythologie die Entsprechung der griechischen Moiren. Die Römer haben ihre Namen jedoch geändert, sie heissen Nona (die Neunte), Decima (die Zehnte) und Parca (die Geburtshelferin). Anstelle der Parca wird auch der Name Morta benutzt.

Gemälde Sodomas, ital. Maler 1477 bis 1549 (eigentlich Giovanni Antonie Bazzi)

Sie waren ursprünglich Geburtsgöttinnen. Nona verweist auf die Zahl Neun (Schwangerschaft), wobei auch die Decima (Zehn) sich noch auf die Schwangerschaft bezieht. Eine durchschnittliche Schwangerschaft dauert 268 Tage, bei einer Schwankungsbreite von fünf Wochen. Das entspricht neun bis zehn Monaten. Ebenso die dritte der Parzen: Parca. Auch sie ist eine Geburtsgöttin (parere = gebären). In der Angleichung an das Römertum wurden sie dann den griechischen Moiren angepasst und als Schicksalsgöttinnen umgedeutet.

Die germanischen Nornen entstammen aus der nordischen Mythologie. Es handelt sich auch bei ihnen um weibliche, schicksalsbestimmende Wesen. Ihre Abstammung wird vermutet einerseits von den Göttern, aber auch von Zwergen und Elfen. Es besteht auch hier eine Verwandtschaft zu den römischen Parzen und den griechischen Moiren.

Sie heissen Urd (Schicksal), Verdandi (das Werdende) und Skuld (Schuld, oder das was sein soll). Sie sind Personifikationen von Vergangenheit, Gegenwart und Zukunft. Alle drei sind Schicksalsfrauen. Sie wohnen an der Wurzel einer riesigen Esche (Baum), an der Urdquelle, der Quelle des Schicksals. Die Esche wird als Weltenesche genannt und verkörpert den grössten und mächtigsten Baum der Welt. Seine Äste sollen sich über alle neun Welten ausbreiten und erstrecken sich sogar über den Himmel. Diese Weltesche ist der Weltenbaum, der im Zentrum der Welt steht und alle weiteren Welten miteinander verbindet. Damit reicht die Welt nur so weit, wie seine Zweige und Wurzeln reichen und die Schöpfung besteht nur so lange, wie dieser Baum besteht. Daher ist er auch Sinnbild des Lebens, des Werdens und Vergehens.

Drei Nornen unter dem Weltenbaum begiessen die Wurzeln mit Wasser aus dem Urdbrunnen

Die Nornen lenken nicht nur die Geschicke des Menschen, sondern sogar die der Götter. Sie besprengen den Lebensbaum mit Wasser aus der Urdquelle und schenken ihm daher immer wieder neue Lebenskraft. Daher ist die Esche Sinnbild der Unsterblichkeit.

Wie machtvoll die weiblichen Nornen auch in der nordischen Mythologie waren, zeigt die Tatsache, dass Odin die Nornen um ihre Fähigkeiten, Runen zu schreiben und zu verstehen, beneidete. Denn die Runen offenbarten sich nur den „Würdigen" und er war, trotz der Tatsache, dass er der Hauptgott der nordischen Götterwelt war, nicht würdig genug dazu. Da hängte er sich am eigenen Speer am Weltenbaum auf und hing dort für neun Tage und Nächte, bis ihm endlich die Runen erschienen.

Runen sind Schriftzeichen. Im altnordischen Wort verbirgt sich hinter dem Zeichen das ‚Geheimnis, Ratschluss', die geheime

Beratung, das Geflüster. Die Bedeutung ‚raunen, etwas zuflüstern, mit gedämpfter Stimme sprechen' steht hinter dem Verb.

Interessant in diesem Zusammenhang einmal zu vermerken, ist die Tatsache, dass es immer weibliche Wesen waren, die das Schicksal in ihren Händen trugen und dass sie (die Moiren, die Parzen wie die Nornen) stets höher standen, als die höchsten, meist männlichen Gottheiten (Zeus, Jupiter, Odin).

Ananke (griechisch Ἀνάγκη „Bedürfnis", „Zwangsläufigkeit", „Zwang")

Sie ist die Personifizierung des unpersönlichen Schicksals, im Unterschied zu dem von den Moiren zugeordneten persönlichen Schicksal. Sie setzt sich auch zur Tyche ab, die für den blinden Lebenszufall, ob positiv oder negativ, steht. Sie gilt als die Göttin der Notwendigkeit. Bei Platon ist sie die Mutter der Moiren und eine der ursprünglichsten Schöpfungsmächte.

https://de.wikipedia.org/wiki/**Ananke** (Mythologie)

Heimarmene
Sie ist ebenfalls die Verkörperung des unabwendbaren Schicksals in der griechischen Philosophie und Mythologie. Auch sie ist Schicksalsgöttin und wird mit Ananke gleichgesetzt. Interessant aber ist, dass sich an ihrer Figur der Vorsehung als unverrückbares Weltgesetz und unausweichliches Schicksal die Möglichkeit abgrenzte, dass ihr das Einwirken von Gottheiten und der menschlichen Willensfreiheit auf das Schicksal entgegengestellt wurde.

Dass Gottheiten auf das menschliche Schicksal einwirken konnten wie auch auf die Willensfreiheit des Menschen, erzeugte einen Disput, der dazu führte, dass die Möglichkeit göttlichen Einwirkens verneint wurde. Diese Verneinung in der Diskussion wurde zur Wurzel des antiken Atheismus.

Und einen zweiten Punkt löste die Debatte aus. Heimarmene wurde als zur materiellen Welt (also zur Physis) gehörend betrachtet. Das hiess, dass ihr zwar der menschliche Körper und die Sinne unterlagen, nicht aber die Seele.

Heisst dies nun, dass wir unserem Schicksal doch entkommen können? Oder es wenigsten partiell verändern können? Wenn wir unseren Willen als seelische Leistung betrachten, müssten wir dann an unserem Schicksal arbeiten können? Unser Schicksal beeinflussen, es in die Hand nehmen können?

Tyche
Noch eine Schicksalsgöttin? Ja, noch eine! Eine Art von Glücks- und Schicksalsgöttin. **Tyche** (griechisch τύχη) ist in der griechischen Mythologie die Göttin des Schicksals, der glücklichen (oder bösen) Fügung und des Zufalls.

Die frühsten Erwähnungen finden sich in der Theogonie des Hesiod gegen 700 v. Chr. und in der Homerischen Hymne an Demeter aus der zweiten Hälfte des 6. Jahrhunderts v. Chr., die sie noch als Tochter des Oceanus beschreiben. In der zwölften olympischen Ode des Pindar um 470 v. Chr. wird sie dann hingegen die Tochter des Zeus Eleutherios genannt.

Tyche erhöht und erniedrigt und führt launenhaft den Wechsel der Geschichte herbei. Ihre Attribute sind Füllhorn, Ruder, Flügel und ein Steuerruder auf einer Kugel oder einem Rad. Gelegentlich hält sie auch den als Knaben dargestellten Plutos, den Gott des Reichtums, im Arm. Im Hellenismus wuchs ihre Verehrung, Antiochia, Alexandria und Skythopolis verehrten sie als Stadtgöttin.

Die römische Entsprechung ist die Göttin Fortuna, die germanische Entsprechung ist das (abstraktere) Heil.
(aus: https://de.wikipedia.org/wiki/Tyche)

Tyche von Antiochia, ein Werk des Eutychides, im Vatikan

Fortuna

Bleibt noch Fortuna, die das Titelbild dieses Buches ziert. Schicksals- und Glücksgöttin in einer Person in der römischen Mythologie. Sie entspricht der Tyche. Man bezeichnet sie als wankelmütige Göttin, weil sie ihre Gaben, also Glück oder Unglück, Erfolg, Gelingen, Misserfolg etc. ohne Ansehen der Person verteilt. Offenbar spielt der Zufall bei der Vergabe eine wichtige Rolle.

In Bezug auf das Ansehen, verhält sie sich ähnlich wie die Justitia, die Göttin des Rechts. Sie beschlägt auch Könige und Päpste genau so, wie Reiche und Arme mit ihrem Segen.

Fortuna war anfänglich die Fruchtbarkeitsgöttin. Zudem fungiert sie als Orakelgöttin. Sie wird oft mit einem Rad dargestellt und man kennt noch heute den Ausdruck: „Rad des Schicksals".

Hier eine mittelalterliche Darstellung der Glücksgöttin Fortuna mit ihrem Rad des Schicksals, dem alle unterworfen sind - sogar Kaiser und Könige.

Fortuna *Rad des Lebens*

Glück im Leben zu haben oder das Gegenteil, Unglück, gehört untrennbar ebenfalls zum Schicksal. Hier hinein gehört auch der Erfolg, z.B. im Sinne eines glücklichen Gelingens. Erfolg im Beruf, im Privatleben, in Beziehungen.

Der sechste König von Rom, Servius Tullius († um 534 v. Chr.) soll es der Sage nach gewesen sein, der Fortuna als Glücksgöttin in seinem Reich eingeführt habe. Er gab sich sogar als deren Gemahl aus.

Im Laufe der Zeit entstanden immer mehr Kultzentren um die Glücksbringerin. Ein bedeutendes befand sich im Latium in Rom. Wegen ihrer Attribute (Glück, Reichtum, Erfolg) stand bald in jeder römischen Villa eine solche Statue. Nicht fehlen durfte sie natürlich auch in den Legionslagern. Den Legionären galt Fortuna als Glücksbringerin im Kampfe mit ihren Feinden. Täglich erflehten Sie die Gunst ihrer Glücksbotin.

Aus der Römerzeit sind unzählige Statuetten, Münzen, Reliefs und Gemmen (Edelsteinfigur) bekannt und erhalten.

Hier eine Abbildung Fortunas mit dem Füllhorn. Als mythologisches Symbol des Glückes enthielt es Blumen und Früchte und stand für Fruchtbarkeit, Freigebigkeit, Reichtum und Überfluss.

Fortuna: Statuette aus Pompeij

Das Orakel von Delphi

Ein Orakel ist ein Götterspruch, eine Offenbarung. Aber auch eine Stätte, ein heiliger Ort. Meist war das Orakel daher ein Tempel, aber auch eine Höhle oder Grotte diente dem Orakel als Ort. Dazu brauchte man ein Medium und ein Ritual.

Ein solches Medium war auch eine Sibylle. Sie war eine Prophetin, eine Seherin, die die Zukunft unaufgefordert weissagte. Ursprünglich hatte die Sibylle eine Verbindung mit Erdgottheiten, die sich darin zeigten, dass ihr ein Felsblock, ein Felsspalt oder eine Felsenhöhle als Ort ihres Wirkens diente. Eine solche Felsenhöhle nannte man auch Sibyllengrotte.

Als weibliches Pendant zum männlichen Propheten, kam sie mythologisch wohl aus dem Raume Kleinasiens, also aus dem Orient. Breitete sich jedoch nicht nur in der griechischen Antike, sondern auch im Judentum und bei den Römern aus.

Später hielt das Sibyllentum auch Einzug ins Mittelalter.

Der Orakelspruch war meist zweideutig, oft auch als Rätsel formuliert und liess daher Raum für mehr als nur eine Interpretation zu. Immerhin diente er so oder so als Hinweis und Zeichen für den Fragenden oder war ein Rechtfertigungsgrund für Entscheidungen und Handlungen. Das sibyllische Orakel befragte eine höhere Instanz, war damit ein Transmitter, also eine Übertragung oder Übersendung.

Michelangelo: Delphische Sibylle, Sixtinische Kapelle

Ein Orakelspruch konnte das Schicksal eines ganzen Volkes tangieren. Ging es um Fragen des richtigen Zeitpunktes von Schlachten, welche verfeindete Heere betrafen, so konnte ein solcher Spruch verheerend für eine Seite sein, zumal vielleicht ein falscher Zeitpunkt für den Beginn einer Schlacht oder für den (falschen) Ort ihrer Austragung prophezeit wurde.

In Delphi hiess die für das Orakel zuständige Priesterin Pythia.

Priesterin von Delphi, John Collier.

Hier wird sie auf einer Erdspalte dargestellt, aus der Erdgase entweichen. Sie verkündigte ihre Prophezeiungen in Trancezuständen, die durch diese aus der Spalte entweichenden Erdgase verursacht wurden.

Lange betrachtete man dies als Mär. Nun haben jedoch Forschungen belegt, dass das Gas „Ethylen" wirklich nachzuweisen ist, welches für die veränderten Bewusstseinszustände der Pythia verantwortlich sein könnte. Ethylen, auch Äthylen genannt, ist eine gasförmige, farblose, brennbare und süsslich riechende organische Verbindung. In einem geschlossenen Raum könnte dieses Gas wirklich zu Bewusstseinsveränderungen geführt haben.

Eine zweite Annahme, wie es zu Bewusstseinsstörungen der Pythia kam, war die Verdrängung von Sauerstoff durch andere Gase mit hohem Methan- und Kohlendioxid-Anteil. Sie drangen aus dem Gestein auf und breiteten sich in den kleineren Räumen des Tempels aus. Infolge des Sauerstoffmangels führte dies zu einer Art von Trunkenheit (Sauerstoffmangel, Halluzinationen) der Priesterin. Schon Cicero schrieb in „Über die Wahrsagung", dass gewissen Ausdünstungen der Erde in den Geist der Pythen eindrangen, so dass diese orakeln konnten.

Diese Priesterinnen (Pythien) wurden aus den Einwohnerinnen von Delphi ausgewählt und waren zumeist junge Mädchen, die jungfräulich zu bleiben hatten. Manche waren so stark berauscht, dass sie vermutlich an Sauerstoffmangel starben.

Das delphische Orakel wurde übrigens im Jahre 391 n. Chr. durch den christlichen Kaiser Theodosius I. durch ein Edikt aufgehoben.

Die Auseinandersetzung mit dem Schicksal hat also eine lange Tradition. Eine Vorausschau, ein Orakel ist nun mal nichts anderes, als das Schicksal zu erfragen, es zu verbiegen, zu verändern. Früher diente es nicht nur für politische Entscheidungen, bei militärischen Operationen oder für juristische Angelegenheiten, sondern diente auch zur Befragung einfacher Leute, etwa ob eine Heirat bevorstünde, endlich ein Sohn geboren würde oder ob endlich Glück ins Haus stand.

Übrigens gab es auch Orakel ausserhalb des Tempels von Apollon in Delphi. So dienten in China über dem Feuer erhitzte Knochen sowie Schafgarbenstängel als Orakelmedium.

Neben China orakelte man auch im Tibet, in Lateinamerika und Afrika. Ein menschliches, pandemisches Phänomen.

Nun war da aber noch etwas in Delphi. Dort soll nämlich am Tempel ein Spruch angebracht gewesen sein, der lautete: „Erkenne dich selbst". Ein zweiter Spruch soll „Nichts im Übermass" oder „Alles in Massen" geheissen haben. Das ist nun interessant, denn der erste Aufforderungsspruch deutet die eigentliche Absicht des Kultes von Delphi an. „Erkenne dich selbst!" meint nichts Geringeres, als das Auflösen individueller menschlicher Probleme durch die Auseinandersetzung mit der eigenen inneren Persönlichkeit, also dem „ICH". Die Erkenntnis der Innenwelt ist zugleich Zugang zur Problemlösung in der Aussenwelt! Man kann diesen Vorgang auch beschreiben als „Erwachen". (Carl Gustav Jung)

Der zweite Spruch auf dem Tempel von Delphi mahnte zur Bescheidenheit.

Beide Sprüche bilden nun genau die Grundabsichten, weshalb ich dieses Buch geschrieben habe. (Siehe Kapitel 4: Interventionsstrategien). Beide Sprüche dienen:

- Dem Gedanken der Selbsterkenntnis und insbesondere dazu, dass wir Sorge um unsere Seele tragen sollten. Selbsterkenntnis bezieht sich auf unsere Seele, also die Psyche oder ganz einfach auf unser Ich.
- Der Warnung vor Überschätzung individueller Möglichkeiten. (Auch bezogen auf Esoterisches)
- Der Erkenntnis, dass uns Menschen bewusst sein soll, sterblich, unvollkommen und begrenzt zu sein und dass dies zur Bescheidenheit führen muss.
- Der Erkenntnis, dass es das Ziel des Menschen sei, sich in den Naturzusammenhang einzuordnen und eine Übereinstimmung mit der Natur zu erlangen.

- Dem Gedanken, nach Einsicht zu streben.
- Der Erlangung des Wissens um das eigene Nichtwissen dienen.
- Der Erkenntnis, dass die Vernunft die Grundlage sittlichen Handelns ist.

Auf der ganzen Welt wurde versucht, dem Schicksal zu entkommen, das Schicksal zu seinen Gunsten positiv zu verändern, sich dem eigenen Schicksal zu erwehren. Das war schon in der Antike so. Aber auch heute versuchen wir durch esoterische Praktiken und Ansichten unser Schicksal zu beeinträchtigen. Dazu nun mehr im folgenden Kapitel.

Kapitel 2 **Schicksal als Glaubenssache?**

Das Schicksal verbindet sich mit unserem Glauben. Aber auch mit Aberglauben (Exkurs Esoterik). Unser Glaube verändert Schicksal. Alles ist Karma. Reinkarnation. Schicksal steht in den Sternen (Astrologie). Bereicherung durch unsinnigen Schmalz. Das magische Denken.

Exkurs Esoterik

Warum ein Exkurs ausgerechnet in die Esoterik? Das hat doch mit Schicksal nichts zu tun! Wir haben doch gehört, dass unser Schicksal in den Sternen steht und unverrückbar sei. In der Definition von Schicksal können wir doch eindeutig nachlesen, dass es von uns Menschen selbst nicht geändert werden kann!

Ja schön wäre es! Aber dem ist nicht so. Wir Menschen haben noch vor wenigen Jahrhunderten sogar Menschenopfer gebracht, um unser Schicksal zu beeinflussen. Richteten uns in unserer Heimat Herrgottswinkel ein und vergruben Amulette etc. als Bann vor Bösem. Unsere Vergangenheit ist voll mit Aberglauben bespickt.

Sogar die Kirchen versuchen das Schicksal ihrer Gläubigen zu beeinflussen. Nur schon damit, dass wir beten! Mit dem Gebet versuchen wir doch mit Gott, dem Allmächtigen in eine Art von Verbindung zu treten.

- Gebet ist der Beginn einer Beziehung.
- Gebet verändert.
- Gebet bereitet einen vor.
- Gebet funktioniert.

Und ein Gebet ist auch ein Erbitten. Wir erhoffen uns durch die Tatsache des Betens eine echte und lebendige Beziehung zu Gott zu erhalten. Unser Gebet, unser Beten soll gewissermassen der Schlüssel sein, mit dem wir zu Gott Kontakt aufnehmen können. Wir beten, um Gott näher zu kommen, um ihm Nahe zu sein. Wir beten zu Gott, dass er sich uns offenbart. Wir sagen dadurch aus, dass wir ihn gerne näher kennenlernen möchten. Wir möchten wissen, wer er ist und was er tut.

Was er mit uns vor hat. Wir fragen uns, ob man Gott durch das Gebet beeinflussen kann. Etwa, dass er uns wohlgesonnen ist und unsere Wünsche nach Glück, Gesundheit, Reichtum, Nahrung etc. erfülle. Wir denken, dass Gott veränderbar sei, denn wenn er unveränderbar wäre, dann wäre ja alles Seiende vorausgeplant, unverrückbar und unveränderbar. Weshalb sollten wir dann also noch beten?

Aber ist Gott manipulierbar? Kaum. Eindeutig nicht. Aber er möchte, so der Zweck des Gebetes, dass wir ihn um etwas bitten, welches er uns dann schenke. Wir sehen Gott als unseren liebevollen Vater an, der durch unser Gebet wirkt.

Oder denken wir doch anders? Etwa, dass das Gebet nicht dazu da ist, Gott zu beeinflussen? Dann hilft uns das Gebet, dass wir uns selber verändern können. Der Glaube an ihn beispielsweise wird wachsen, die Zugehörigkeit zur Kirche und zur jeweiligen Religion wird zunehmen. Gott macht uns durch Gebet fähig, seine Güte, seine Gnade, seine Herrlichkeit und auch seine Wege immer besser zu erkennen. Wer regelmässig mit Gott kommuniziert, wird bemerken, dass er sich selbst verändert.

> **Gebet:**
> Wollen wir Gott durch unsere Gebete beeinflussen, ihn in unserem Schicksal gegenüber gnädig stimmen?

Beten, so kann man es auch sehen, ist ein Mittel, um uns auf unseren Lebensweg vorzubereiten. Beten gibt Kraft. Innere Sicherheit. Wenn wir gelernt haben, in Gottes Nähe zu sein, werden wir anders mit Erfolgen, aber auch **mit Schicksalsschlägen umgehen** können. Natürlich bleiben menschliche

Gefühle wie Trauer, Schmerz, Wut oder Verzweiflung. Aber Gespräche mit dem guten Gott helfen, dass man nicht daran zerbricht und nicht bitter wird.

Im Gebet sollte man seine eigenen Schwächen offenbaren. Gleichzeitig wenden wir uns an eine Kraft, die Mut und Hoffnung schenkt.

Gott hört unser Beten und erhört Gebet. Erhören meint akzeptieren, anerkennen, annehmen, befriedigen. Aber auch **erfüllen**, gewähren und zufriedenstellen. Dann ist Gott also doch ein Wunschautomat? Erfüllt er umgehend jede Forderung, die wir im Gebet an ihn stellen? Jedenfalls solle Gott handeln, wenn wir an ihn beten. Er komme unseren Ansinnen näher, erfülle sie und komme uns so näher.

Ich möchte hier niemandes Religiosität anzweifeln und niemandem religiös zu nahe treten. Beten ist sicherlich gut. Und bei weitem besser, als sich in esoterischen Praktiken irgendwelchen aufgestiegenen Meistern und dunklen Mächten hinzugeben oder esoterisch zu betteln, damit sich die Fülle des Weltraums in Form von plattem eigenem Reichtum über uns ergieße.

So nachzulesen im Buch „Bestellungen im Universum". Dort kann man sich den Mann mit allen passenden Eigenschaften ganz einfach „herbeidenken", ihn sich „im Universum bestellen". Zuerst wollte die Verfasserin dieses Buches eine Freundin vor der völligen Verdummung retten, die ihr solchen Unsinn erzählte, geriet dann aber selbst ziemlich aus dem Häuschen.

Diesen Ausdruck „aus dem Häuschen geraten" kann man jetzt mehrfach interpretieren. Er besagt, man sei freudig erregt, in einem Zustand freudiger Erregung. Aber aus dem Häuschen sein, meint auch, den Verstand zu verlieren, in einen ekstatischen Zustand zu gelangen, Geisteskrank zu werden. Bei esoterischen Menschen, bei Abergläubigen scheint dies manchmal irgendwie wirklich zuzutreffen.

Nun, die Autorin dieses wunderlichen Büchlein, die übrigens mit ihm absatzmässig einigen Erfolg hatte, beendete den Streit, den Disput mit ihrer Freundin damit, dass sie sozusagen selbst eine Testbestellung aufgab, um der Freundin zu beweisen, dass ihre Meinung doch völliger Humbug sei.

Immerhin bestellte sie sich sogleich einen Mann aus dem Universum, der Vegetarier, Antialkoholiker und Antiraucher sein sollte. Zudem müsste er Tai Chi können. Die ganze Bestellung endete schliesslich in einer 9-Punkte-Liste mit exakt festgelegtem Lieferdatum.

Waaaahnsinn!, als dann in der besagten Woche die „Lieferung" mit allen neun Punkten prompt eintraf. So war die Autorin schnell überzeugt, dass diese Technik das Ausprobieren in jedem Fall wert sei. Natürlich geriet sie gleich in einen Bestellrausch!

Da gab es gleich etliche Wünsche: Büro, Geld (in Beiträgen von einigen tausend Mark), Job, Wohnung etc. Nur der Geldfluss klappte nicht so optimal, denn bei höheren Beiträgen hatte sie zu viele Zweifel, diese blockierten den Fluss...

Kurzanleitung für Bestellungen im Universum:

1. Bestellung immer schriftlich aufschreiben
2. Bestellung mündlich abschicken, so hat sie mehr Kraft und Wirkung
3. Bestellung mit einem „Hauch" (ausatmen) verstärken und im Vertrauen loslassen

Nun ist es aber so, dass wir dabei keine Fehler machen dürfen. So soll beispielsweise das Wort „will" in unserer Bestellung nicht vorkommen. Wir würden dann nämlich im Zustand des Wollens verharren. Man sollte sich eher auf den Zustand des Empfangens (Erhaltens) einstellen, nicht auf den des Wollens.

Die Formulierung sollte so präzis wie möglich sein, jedoch ohne konkret zu wünschen, wie die Lieferung ankommen soll. Das „wie" geht hier nun mal wirklich nicht. Überraschung ist angesagt. Ein Mann könnte theoretisch per Post geliefert werden (etwa wenn er ein Postangestellter ist).

Zudem sei es manchmal ratsam zu bestellen, dass die Lieferung aus Positivem resultiert. So solle man sich anschliessend vorstellen, als ob man die erwünschte Lieferung bereits in seinem Besitz habe. Bei einem neuen Auto etwa solle man sich vorstellen, wie man in diesem Auto sitzt, wie man das Lenkrad hält, wie der Motor tönt und sich der Sitz anfühlt und wie das neue Auto riecht.

Ein letzter Tipp: Falls einem (auch generell) negative Gedanken überkommen, solle man das Negative visualisieren (z.B. eine Bleikugel) und in seiner Vorstellung zerstören. Dann sei es anschliessend hilfreich das Positive zu visualisieren.

Fragen Sie mich jetzt nicht, liebe Leserinnen und Leser, wie genau ich das meine und wie genau das vor sich gehe. Ich kann es Ihnen nicht sagen, ich glaube ja nicht an jeden Schmarren. Auch kann ich nicht ergründen, warum ich mir ausgerechnet eine schwere Bleikugel visualisieren soll, die ich dann in meiner Vorstellung irgendwie auch noch zerstören muss.

Das nenne ich esoterisches Beten. Wer täglich kleine Chancen und Gelegenheiten ergreift, der ergreift auch die meist plötzlich auftretenden grossen Chancen souverän und ohne Zögern. Wer nie geübt hat und nur auf die eine grosse Chance wartet, der wird nervös und steht unter Leistungsdruck und weiss nicht, wie es geht, sobald die grosse Chance auftaucht – und schon ist sie vorbei. Dies als letzter Auszug aus dem erwähnten Büchlein.

Nun, ehrlich gesagt, auch ich habe mir viel zu wenige Chancen aus dem Universum bestellt. Und die eine grosse Chance und Bestellung, die ich damals im Geheimen aushauchte, blieb seit 2012 unerfüllt. Dafür geriet ich nie in Leistungsdruck! Ist doch auch etwas.

Könnten wir obige Ausführungen auch als Beweis dafür nehmen, dass unser Schicksal sich mit unserem Glauben und Aberglauben verbindet? Kann unser Glaube unser Schicksal womöglich doch verändern? Verändert Glauben Schicksal? Verändert Beten Schicksal?

Esoterik versucht genau das. Sie verbindet sich mit unserem Schicksal und will dieses verändern. Sie greift darin ein. Esoterik ist eine nachkirchliche Spiritualität, die sich von einem Eingottglauben gelöst hat. Ihr Ursprung ist zwar der kirchliche Glauben. Aber Esoterik ist nicht wie die Kirche hierarchisch strukturiert, kennt keine oberste Gottheit, sondern mehrere solche Götter.

Sie kennt nämlich aufgestiegene Meister. Ein Porträt möchte ich hier zeigen und von Meister Germain berichten:

aus: Google, aufgestiegene Meister

Lichtwesen und Träger des 7. Violetten Strahles

Saint Germain. Lichtwesen. Aufgestiegener Meister. Befreier hinderlicher Fesseln emotionaler Verwicklungen. Emotionen begraben unseren Geist mitunter komplett und damit unsere Intuition. Emotionen wie Mitleid, Angst, Freude und Trauer überlagern die Wirklichkeit und umhüllen uns im Nebel.

Saint Germain, Meister des violetten 7. Strahles eröffnet uns eine neue Sicht auf unser Schicksal, ermöglicht uns einen objektiven Blick auf unsere Schicksalsumstände und auf die uns umgebenden Dinge. Aber keine Angst, unsere Emotionen werden uns dabei nicht genommen.

> **Aufgestiegene Meister:**
> Wollen Sie Ihren Geist wirklich mit solchem Schrott füttern?

Zudem löst er erfolgreich bereits gebrochene Schicksalsbindungen endgültig auf und dadurch erst gibt er uns frei. Frei von veralteten Sichtweisen, oberflächlichem Verständnis und festgefahrenen Verhaltensweisen. Durch sein Zutun entsteht endlich innere Freiheit. Jetzt ermöglicht sich ein neuer Blickwinkel (auf unser bisheriges Schicksal) und worunter man bisher gelitten hat, kann man plötzlich lachen.

Seine Aufgabenbereiche sind leider auf wenige Aspekte begrenzt. In seinem Fall sind dies:

- freier Wille / freie Wahl
- Selbsterkenntnis
- Objektivität
- Transformation (Umwandlung)
- Karma

Die Energie des aufgestiegenen Meisters Saint Germain hilft uns …

- emotionale Verwicklungen zu erkennen und uns von diesen zu befreien
- eine objektive Momentaufnahme zu machen
- Verhaltensmuster und mentale Glaubenssätze zu durchschauen
- den freien Willen und die freie Wahl anzuerkennen
- uns vor schlechtem Karma zu lösen

Saint Germain lebte schon einige Male auf unserer Mutter Erde. Es sind verschiedene Inkarnationen bekannt. Er war inkarniert als:

- Herrscher im Goldenen Zeitalter im Gebiet der heutigen Sahara (vor 70.000 Jahren)
- Atlantischer Hohepriester (Tempel der Reinheit, Orden von Meister Zadkiel) (vor mehr als 11.500 Jahren)
- der hebräische Prophet Samuel (11. Jh. v. Chr.)
- Joseph von Nazareth
- Saint Alban (300 n. Chr.) (im heutigen St. Albans, Herfordshire, England)
- Lehrer von Proclus (ca. 410/11 - 485), in Athen, gründete Platon-Akademie, widmete sich den Lehren der Philosophie, Astronomie, Mathematik, Grammatik
- Merlin (5./6. Jh.), Berater von König Arthus
- Roger Bacon (1211/14 - 1294), englischer Philosoph und Naturforscher
- Christian Rosenkreutz, Gründer des Rosenkreutzerordens (1378 – 1484?)
- Christoph Kolumbus (1451 - 1506), Genua, Italien
- Paracelsus, Schweizer Chemiker, Physiker und Theologe
- Francis Bacon (1561 - 1626), England, Alchimist, Philosoph und Autor, arbeitete vermutlich unter dem Namen Shakespeare, natürlicher Sohn von Queen Elisabeth
- Graf von Saint Germain (28.05.1696 - 1784), (eigentlich Prinz Leopold Georg), nannte sich Sanctus Germanus (hl. Bruder); andere Namen, unter denen

er auftrat: Comte Bellamare (Venedig), Graf Schevening (Pisa), Weldone (Leipzig), Rakoczy (Dresden)

Alles klar!

Esoterik treibt bunte Blüten. Dies kann man auch auf Esoterik-Messen feststellen. Dort kann man die vielfältigsten Produkte und Angebote messen.

Auswahl aus Produkten:
Amulette, Aromaöle, Asiatika, Auraphotographie, Aura-Soma, Aura-Chakra-Analysen, Ayurveda, bioenergetische Produkte, Bücher, Duftöle- und Duftlampen, Didgeridoos, Engelbilder, Edelsteine, Essenzen, Energie- und Schutzamulette, Edelsteinschmuck, Feng-Shui Produkte, gesundheitliche Produkte, Himalayasalz, indianisches Kunsthandwerk, Klangspiele, Kristalle, klassische Klangschalen, Kräutermischungen, Kristallklangschalen, kolloidales Gold und Silber, lebende Hölzer, Lichtwesenessenzen, magische Öle und Gewürzmischungen, Meditationsmusik, Magnetfeldtherapie, Nahrungsergänzungen, Naturkosmetik, Ohrkerzen, Pendel, Pyramiden, Räucherwerk, Reisen, Runenorakel, Ruten, Salzkristalllampen, spirituelle Kunst, Steinheilkunde, Symbolschmuck, schamanische Produkte, Tachyonen, Tarotkartendecks, therapeutische Musikinstrumente, Traumfänger, vegetarische Spezialitäten, Weihrauch, Wellnessprodukte, Windspiele, Zimmerbrunnen…

Auswahl aus Angeboten:
Aktivierung von Selbstheilungskräften, Astrologie, Channeling, Chakraanaylsen, Energie- und Lichtarbeit, Entsäuerung, Entschlackung, Familienstellen, Geistiges Heilen, Handlesen, Horoskope, Infos über Indigokinder, Irisdiagnose (Augenlesen), Jenseitskontakte, Karmaanalysen, Klangmassage, Massagen, mediale Lebensberatung, NLP (Neurolinguistisches Programmieren), Numerologie, Partnerzusammenführung, Lesen aus

der Palmblattbibliothek, Radiästhesie, Reiki, Reinkarnationstherapie, Rutengehen, Schamanismus, Schrift- und Namensanalysen, Seminarangebote, Synergetik-Therapie, Tarotberatungen, TCM (traditionelle chinesische Medizin), tibetische Medizin, verschiedene Yoga- und Meditationsmethoden, Wasseraufbereitung …

Damit kann man viel, sehr viel Geld verdienen. Wenn man daran glaubt, nutzt alles. Manchmal zwar nur für eine kurze Zeit, aber immerhin. Dann müssen wir noch mehr Geld für unser Heil und unsere Heilung aufbringen. Die Anbieter nehmen es gerne entgegen.

Aber mit aller Esoterik insgesamt lässt sich eines verbiegen und zu unseren Gunsten verändern: unser Schicksal!

A	Alternatives Heilen, Aromatherapie, Astrologie, Ausbildung
B	Blume des Lebens, Bücher
C	Chakra, Channeling
D	Düfte / Edelsteine
E	Elektrosmog, Energetische Produkte, Energetisches Räuchern, Energiearbeit, Engel, Ernährung
F	Feng-Shui, Fünf Elemente
G	Geistiges Heilen
H	Heilsteine, Hellsehen
J	Jenseitskontakte
K	Kartenlegen
L	Lebensberatung
M	Meditation

P	Palmblatt-Bibliothek
Q	Quantenheilung
R	Räucherwerk, Reiki, Reinkarnation, Reisen / Urlaub, Rückführungen
S	Seminare / Fernkurse
T	Tarot, Therapie, Tierkommunikation, Trommeln
Y	Yoga

Damit ist doch bewiesen, wie sehr wir imstande sind unser Schicksal zu überwinden, angesichts aller dieser Angebote und Produkte, die wir auf Esoterikmessen finden. Unser Schicksal wird in der Esoterik ganz klar eine Glaubenssache und ist beeinflussbar.

Wir sind esoterisch eindeutig imstande, unser Schicksal zu lesen, zu therapieren, rückzuführen, mit Räucherwerk auszuräuchern, mit Quanten zu heilen, mit Meditation zu beeinflussen, mit Karten zu deuten, mit Heilsteinen zu heilen, mit Feng-Shui zu verschönern, mit Energiearbeit zu verändern, mit Engeln zu beschützen, mit energetischen Kräften zu verbiegen und mit Hilfe der Astrologie zu erfahren und zu deuten.

Aber auch mit Aberglauben. Damit bewirken wir noch viel mehr, deutlich auch tiefer und nachhaltiger. Er kostet uns einfach eine rechte Stange guten Geldes. Hier gibt es nichts gratis. Unsere Gesundheit muss es uns doch schliesslich wert sein. Dem eigenen Schicksal ein Schnippchen zu schlagen, das möchten wir doch alle!

Da ist beten geradezu billig, ja sogar kostenlos und einfach. Hier sei daher einmal ein Wort für das Beten erlaubt: Lernen Sie zu beten! Ihre Kirche unterstützt sie dabei gerne.

Geistiges Heilen

Geistiges Heilen steht für eine Vielzahl unterschiedlicher alternativmedizinischer, esoterischer, religiöser oder magischer Behandlungsmethoden. Wir sind immer noch daran zu untersuchen, ob wir Menschen unser Schicksal selber verändern können! Auf dieser Welt gibt es Millionen von gläubigen Menschen, die diese Frage eindeutig bejahen. Dies zu beweisen ist einfach. Betrachten wir doch einmal das Phänomen des geistigen Heilens.

Kennen Sie geistiges Heilen? Man nennt es auch energetisches Heilen, oder karmisches Heilen, heilen aus dem Universum, Lichtheilen, Therapeutic Touch, Heilenergetik, Prana-Heilung oder ganz einfach ‚Handauflegen'.Es versteht sich in einer kühnen Selbstverständlichkeit als absolut gleichberechtigt neben der klassischen Schulmedizin, obwohl im geistigen Heilen oft Totallaien ohne jegliche spezifische Ausbildung ihr Handwerk ausüben, während in der Schulmedizin Ausbildungszeiten von mindestens 8 Jahren die Regel sind.

Geistheilen steht, so die Kaste der Heiler, auch gleichberechtigt zur Naturheilkunde und anderen therapeutischen Angeboten, welche auch immer diese sein mögen. Wichtig scheint den Geistheilern, dass das geistige Heilen keinesfalls in einer Art Konkurrenz zur Schulmedizin oder zur Naturheilkunde steht. Obschon nicht Konkurrenten, dann doch im Grunde genommen klar gegen Schulmediziner mit ihren nebenwirkungsvollen Medikamenten und ihrer menschunwürdigen Apparatemedizin.

Eine Besonderheit des Geistheilens ist, dass weder eine Anamnese noch eine medizinische Diagnose erforderlich ist, damit die Heilmethoden wirken. Damit wird nun kolportiert, dass Geistheilen eindeutig wirke. Zudem steht die medizinische

Diagnose und Schwere einer Krankheit ebenfalls nicht in direkter Beziehung zum Ergebnis der Heilbehandlung. Es wird also behauptet, dass die Heilwirkung auch bei todkranken Menschen noch wirke, die von den gut ausgebildeten Schulmedizinern aufgegeben worden sind und ihrem Sterben überantwortet wurden.

Welch ein Trost für diese armen, totkranken Menschen, die sich verständlicherweise an jedem Grashalm festzuhalten versuchen, um doch noch gesund zu werden. Dass Menschen in einer solchen Not sich auch in die Hände teurer Geistheiler begeben, ist natürlich verständlich. Schliesslich wollen wir ja alle gesund werden und noch möglichst lange leben.

Aber woher kommt die Heilung selbst? Was sind da für Kräfte oder Energien am Werk? Um diese Fragen zu beantworten, wird es jetzt richtig schwierig. Trotzdem will ich es versuchen. Also, geistiges Heilen erfordert eine Macht, vorzugsweise eine göttliche. Dies kann jetzt irgend so ein in der Neuzeit kolportierter aufgestiegener Meister sein, wie ein Saint Germain, oder ein Führer des Planeten Sirius.

In der christlichen Welt können wir selbstverständlich, ohne grosse Skrupel zu zeigen, auch Jesus Christus direkt ins Spiel bringen oder Gott, den Allmächtigen. Dorther kommt alle Energie, die ein Geistheiler benötigt. Der Heiler selbst wird also nur zum Übermittler, wobei die göttliche Heilenergie durch seine Hände und natürlich auch durch seinen Körper in den Körper und Geist seiner Patienten fliesst.

Solche selbst ernannten Geistheiler folgen zu Beginn ihrer Tätigkeit zuerst einmal der Stimme ihres Herzens. Man tut überrascht, dass man über solche heilenden Kräfte verfügt. Aber die ersten Experimente am Versuchskaninchen Mensch zeigen seltsamerweise gute Erfolge. Der Patient hat plötzlich keine Schmerzen mehr im Nacken oder so.

Naturwissenschaftliche Erklärungsversuche oder Erklärungsmodelle für die Tatsache, dass man nun plötzlich über solche Heilkräfte verfügt, findet man natürlich keine, auch wenn man noch so lange sucht. Es genügt vollkommen, wenn so ein Heiler oder eine Heilerin den Weg der inneren Einkehr antritt, wo wir alles Licht, alle Liebe und alle Kraft finden können, die wir brauchen, um erfolgreiche Heiler zu sein. Man muss jedoch im Einklang mit sich selbst sein, sonst funktioniert es nicht.

In einem Buch eines Geistheilers las ich, ohne seinen unbedeutenden Namen jetzt preiszugeben, ein Zitat des Psychologen und Publizisten Dr. Harald Wiesendanger: *„Geistiges Heilen ist ein Oberbegriff für Verfahren, die beinahe nichts verbindet – bis auf eine einzige Gemeinsamkeit: Die blosse Intention zu heilen reicht offenbar oft aus, Leiden entgegen ärztlicher Prognosen zu lindern oder sogar zu beseitigen; dabei werden keinerlei therapeutische Mittel eingesetzt, die nach gegenwärtigem Entwicklungsstand wirksam sein können. Was heilt, scheint purer Geist."*

Harald Wiesendanger ist auch der Meinung, dass Heiler auch Tiere, Pflanzen, Pilze, Bakterien, isolierte Zellen, Enzyme, DNS, Wasser und sogar anorganisches Material durch ihre Fähigkeiten beeinflussen können. Dies zeige eindeutig, dass die Suggestion oder der Placeboeffekt beim Geistheilen nicht entscheidend seien. Dies habe eine gross angelegte Doppelblindstudie eindeutig ergeben.

Die Energie, die durch den Heiler hindurchfliesst, wird durch ihn gebündelt. Das ist sein eigenes Dazutun, diese Bündelung. Die Energie selbst kommt jedoch nicht von ihm, sondern entstammt aus dem Universum und ist göttlichen Ursprungs. Es handelt sich dabei um die „universal energy", das ist englisch und tönt besser, weil professioneller, meint aber auf Deutsch nur Universalenergie. Weil diese das ganze Universum durchdringen soll. Der Heiler gibt diese Universalenergie einfach etwas gebündelt seinen Patienten weiter. So einfach ist das.

Die Universalenergie kann man getrost auch als die Energie aus der geistigen Welt betrachten. Heiler sind Vermittler zur geistigen Welt. Heiler sind Geistesgeschöpfe, die für ihre Behandlung damit auch das Recht auf Tantiemen besitzen.

Heiler behaupten von sich aus oft auch, sie könnten mit ihren Blicken und mit ihren Vorstellungen ihre Patienten regelrecht durchleuchten, quasi wie ein Röntgenstrahl. Heiler sind auch in der Lage, die Geister der Vorfahren von Patienten zu beschwören. Sie besitzen sozusagen über ein inneres Auge. Sie sehen in die „transzendente Welt" hinein, in das Reich des Lichts.

Früher wurden die Hexen deswegen verbrannt, wenn sie solches behaupteten. Aber heute ist die Menschheit viel weiter fortentwickelt, deshalb spriessen die Geistheilerpraxen wie Pilze aus dem Boden und Millionen von Frauen und auch Männer ergeben sich ihrem Geistheilerschicksal.

Soll er jetzt Handauflegen? Oder doch besser Farben visualisieren? Oder mit seinen Blicken Energien übertragen? Am besten er denkt einfach: „Ich bringe meinen Patienten einfach die Liebe und die heilende Kraft unseres Herrn Jesus Christus."

Heiler:
Vermitteln Heilenergie von Heilführern des Universums. Mehr tun sie selbst nicht, kassieren jedoch kräftig für ihre Transmitterdienste.

Der Heiler mutiert also zum reinen Vermittler von kosmischer heilender Energie und kassiert dafür pro Stunde so mal schnell 100 Euro von seinen behandelten Patienten, die ihn als Heiler meistens über allen Klee loben und preisen. Danke, o Herr!

Aber da wir Menschen alle empfänglich sind für Übersinnliches und Unerklärliches, sind wir auch empfänglich für unser Schicksal, welches wir gerne steuern, abwenden oder in gute Bahnen lenken möchten. Wir sind ja schliesslich immer noch bei unserem Schicksalsthema.

Die Hände der Heiler werden bei ihrer Arbeit angeblich ganz warm und sie spüren, dass nun Energie fliesst. Sie visualisieren Farben auf der Körperoberfläche ihrer Patienten, legen die Hände auf ihren Körper (Achtung Männer! vor sexuellen Übergriffen bei der Berührung) und sprechen zu ihnen: „Entspannen Sie sich. Schliessen Sie die Augen. Lassen Sie einfach ihre Gedanken los!" So gelangen die Patienten schnell in einen längeren tranceähnlichen und schlafenden Zustand.

Geistiges Heilen wirkt in Bereichen, in denen wir ganz unten am Grunde (an der Wurzel) der Krankheit, manche glauben sogar, am Grunde des Lebens angekommen sind. Es wird geglaubt, dass in dieser tiefen Schicht unserer Natur die Heilung tatsächlich stattfindet.

Dann gibt es ja noch die Chakren- Aura- und Farbheilung. Sogar noch die nebulöse Quantenheilung.

So, nun wissen wieder ganz viele, dass auch sie über Geistheilkräfte verfügen, denn zum Heilen genügt ja die blosse Intention. Und Intention steht für „Absicht" oder „Plan" oder „Bestreben" oder „Vorhaben", „Wille oder Wollen", „Ziel und Zielsetzung" und „Zweck".

Jetzt habe ich mich gerade gefragt, ob ich auch zum Geistheiler taugen würde. Man kann damit ja viel Geld verdienen und irgendwelche Dummen fände ich schon. Und doch lasse ich ab davon. Ich kann das nicht mit einem sauberen Herzen vereinbaren. Ich fände, ich wäre ein schnöder Scharlatan.

Wie wirkt denn nun aber Geistheilung?

- Geistiges Heilen aktiviert die Selbstheilungskräfte.
- Fördert Heilung im ganzheitlichen Sinne.
- Ermutigt und unterstützt Menschen beim Wahrnehmen ihrer Eigenverantwortung.
- Wirkt mit Hilfe kosmischer Kräfte direkt durch die Hände des Geistheilers etwa durch Zuhilfenahme seiner Visualisierung.

Wenn wir dies lesen, müssen wir uns eingestehen, dass man dagegen nichts einwenden kann. Selbstheilungskräfte gibt es selbstverständlich. Unser Körper vermag sich ja wirklich selber zu reparieren und zu heilen. Eine Schürfwunde heilt auch ohne Salben. Fieber klingt nach einigen Tagen auch wieder ab. Ein Ausschlag im Gesicht geht ebenfalls vorbei. Durchfall korrigiert sich meistens selber wieder, wenn die Bakterien oder Viren durch unser Immunsystem bekämpft worden sind.

Geistiges Heilen ist ein Prozess. Soweit ist ja alles klar. Was wir uns unter diesem Prozess vorzustellen haben, lassen wir einfach einmal offen. Es ist jedenfalls keine Arbeit im Sinne der Schulmedizin. Sondern klar und eindeutig ein spiritueller Vorgang. Ein fremder und ein eigener spiritueller Vorgang.

Es ist auch eine intuitive Ganzheitsmedizin, die hilft, die aus dem Gleichgewicht geratene Einheit von Körper, Geist und Seele wieder herzustellen. Die Heilung geschieht am Körper, aber auch in Distanz zu ihm. (Fernheilung)

Geistiges Heilen eignet sich als Therapie bei körperlichem, seelischem und geistigem Leiden. Was nun wieder unter geistigem Leiden verstanden werden sollte, lassen wir ebenfalls einfach dahingestellt. Gemeint ist auf jeden Fall nicht ein psychisches Leiden, wie etwa eine Depression. Es geht schliesslich um unseren Geist und nicht um die Psyche.

Geistiges Heilen kann sogar zur Unterstützung bei medizinischen Eingriffen, schwierigen Entscheidungen und kritischen, persönlichen Entwicklungsprozessen herbeigezogen werden, da es ja unseren Selbstheilungsprozess beschleunigt. Ein edler Zug!

Aber jetzt endlich die frohe Botschaft. Geistiges Heilen kennt keine Nebenwirkungen! Heilungsprozesse würden in einer gewissen Reihenfolge, nach einem gewissen Plan geschehen, die jedoch für sich und an sich ein Geheimnis und ein Geschenk bleiben. Denn geistiges Heilen könne nicht im Voraus bestimmt werden. Da wird es jetzt etwas konfus. Aber wie auch immer: wenigstens keine Nebenwirkungen!

Aber immerhin gibt es Zeichen, dass etwas wirke und in Bewegung gesetzt würde. Heiler berichten nämlich aus ihrer Arbeit und stellen fest, dass nach ihren Sitzungen (gemeint sind ihre Heilunternehmungen) Patienten melden, dass sie stärkere Träume an sich feststellen konnten. Oft berichten Patienten auch über eine kurzzeitige Verschlechterung ihres Gesundheitszustandes (man höre und staune!), die jedoch von den Heilern dahingehend umgedeutet werden, dass ihre Heilarbeit doch und zum Trotz eindeutig wirke.

Oft berichten Patienten auch von Widerstand gegen diese Art der Therapie. Vermutlich sind dies Restbestände einer in sich zusammenbrechenden, aber kurzzeitig noch intakten Vernunft gegenüber dem okkulten Anteil dieser Therapieform. Da es sich hier ja auch um eine ‚Nebenwirkung' handle, so die Geistheiler, sei es ganz wichtig, gut bei sich zu bleiben und für sich zu sorgen.

Sollten Patienten sich nach einer Sitzung verunsichert fühlen infolge ihres inneren Widerstandes, sollten diese bitte mit dem Heiler Kontakt aufnehmen, damit dieser die Widerstände brechen könne. Denn wer Widerstand leiste, der sträube sich, vielleicht unbewusst, gegen das ausgewiesene Können und die hehre Weisheit des Meisters und stelle sich seiner Gesundung nur selber in den Weg. Weil bezahlen müsse der Patient ja so oder so.

Wer Widerstand leiste, wolle ganz einfach nicht gesund werden. Dies entlastet den Heiler enorm, denn so kann dieser die Verantwortung auf den Patienten zurück schieben, der jegliche Hilfeannahme verweigere und damit selber schuld sei an seinem sich verschlechternden Gesundheitsverlauf (oder seinem baldigen Ableben).

Ja, diese Szene ist stahlhart!

Denn immerhin sei nachgewiesen, wo überall geistiges Heilen bereits geholfen habe:

- Ängste
- Augendruck
- Bauchschmerzen
- Beziehungsprobleme
- Blockaden (div.)
- Burnout
- Chronische Bronchitis
- Chronic Fatigue Syndrome (CFS)
- Depressive Verstimmungen
- Druck auf der Brust

- Endometriose
- Entscheidungsfindungen
- Ermüdungserscheinungen
- Erschöpfung
- Individuationsprozess (Selbstwerdungsprozess)
- Krebs
- Magenbeschwerden
- Menstruationsbeschwerden
- Migräne
- Neurodermitis
- Panik-Attacken
- Prämenstruelles Syndrom (PMS)
- Prüfungsangst
- Rauchen
- Reizdarm
- Rückenbeschwerden
- Schlafproblemen
- Schwindel
- Selbstfindung
- Trauer (um einen Menschen/ein Tier)
- Verminderter Selbstverantwortung
- Unterstützung bei Chemotherapie
- Unwohlsein
- Verlust eines Menschen/Tieres
- Verspannungen

Wozu geistiges Heilen auch immer hilfreich sein mag, Tatsache ist, dass viele Menschen mit unterschiedlichen Motivationen sich zu Geistheilern begeben, um nicht nur ihre Krankheit, ihr Problem oder ihre Beschwerden zu behandeln, sondern auch um ihr persönliches Schicksal beeinflussen zu lassen.

Geistheiler oder Wunderheiler, wie sie auch genannt werden, sind in ihrer Berufsfreiheit geschützt. Das haben Gerichte entschieden. Voraussetzung jedoch ist, dass der Heiler keine nicht vorhandenen wissenschaftlichen Belege vortäusche und dass er seine Patienten nicht davon abhalte, auch Ärzte aufzusuchen. Schliesslich seien Pendeln und Handauflegen keine medizinischen Tätigkeiten, sondern lediglich spirituelle.

In einem Gerichtsentscheid wurde ein Geistheiler freigesprochen, der seine Dienste auch in Zeitungsanzeigen angeboten hatte. Darin behauptete er, seine ‚geistigen Kräfte' würden auch gegen Beschwerden wie Krebs, Demenz, Alzheimer, Körpervergiftungen, Hepatitis und HIV helfen.

Mit Hilfe eines Pendels analysierte er den Gesundheitszustand verschiedener Organe. Danach legte er seinen Kunden die Hände auf. Teilweise arbeitete er auch mittels Fernheilung und verlangte zwischen 60 und 1000 Euro.

Der Geistheiler verfügte zwar über keine Heilpraktikerausbildung, verstiess jedoch auch nicht gegen dieses Gesetz, weil er keine Heilkunde ausübe. Die Heilkunde setze voraus, dass seine Tätigkeit neben einer Heilung auch ‚nennenswerte gesundheitliche Schädigungen' verursachen könne. Dies sei jedoch weder durch das Pendeln, noch durch sein Handauflegen der Fall. Heilkunde liege nur dann vor, wenn der Eindruck einer möglichen Heilung geweckt werde. Erlaubt sei in einer Behandlung nur die Zusicherung des Heilers gegenüber dem Patienten, die Hilfe Gottes für ihn (den Patienten) zu erbitten.

Im Gerichtsurteil hiess es wörtlich: „Ein sogenannter Wunderheiler, der spirituell wirke und den religiösen Riten näher stehe als der Medizin, wecke im Allgemeinen die Erwartung auf heilkundlichen Beistand schon gar nicht". Hoppla!

Zudem habe der Heiler auch bei allen Patienten auf die normale schulmedizinische Behandlung verwiesen und geraten, eine solche bestehende nicht abzubrechen. Immerhin dies!

Auch der Vorwurf des Betruges wurde fallen gelassen. Der Heiler, so die Ausführungen des Gerichtes, sei von seinen Kräften selbst sehr überzeugt und daher könne ihm ein Täuschungsvorsatz nicht vorgeworfen werden. Zudem habe er keinem Patienten irgendwelche wissenschaftlichen Belege für seine Heilkraft vorgegaukelt.

Solche wissenschaftlichen Belege braucht ein Heiler auch gar nicht. Damit Patienten an seine Wundertätigkeit glauben, genügt es meistens, wenn der Heiler in seiner Praxis irgendwelche Diplome oder Ausbildungsbescheinigungen von eintägigen Schnellkursen aushängt oder eine Darstellung eines menschlichen Skelettes zeigt (fotografisch oder als Plastikskelett) oder ein Porträt eines aufgestiegenen Meisters. Wichtig sind die pastelligen Farben in Rot, Violett, Rosa, Orange, Gelb und Blau mit strahlenförmiger Pinselführung und der Meister dargestellt mit stahlblauen, kalten Augen und stechendem Blick.

In einer Ecke seiner Praxis kann auch eine schön verzierte Kerze brennen, ein Engel oder sonstige esoterische Embleme stehen, wie eine Klangschale, eine Pyramide oder ein grösserer Heilstein etc. Esoterisch klingende Meditationsmusik vervollständigt die Geistheilatmosphäre und wenn der Geistheiler nicht ganz doof ist, trägt er eine weisse Arbeitskleidung, die einen Arzt oder eine Krankenschwester nachbildet.

Genau hier liegt aber oft das Problem im Argen. Denn viele Geistheiler verbreiten eine eindeutig gegen die Schulmedizin gerichtete Meinung, die sich klar in ihrer Haltung oder Einrichtung offenbart. Also doch keinen Arztkittel tragen?

Nebenbei wäre noch zu sagen, dass von den durch das Gericht befragte Patienten nur wenige angaben, sie seien geheilt worden. Und auch von den anderen meinte kein einziger, er fühle sich getäuscht oder betrogen. Da blieb dem Gericht nur der Freispruch.

Geistige Heiler werden oft gefragt, ob Fernheilung auch möglich sei und diese ebenfalls so qualifiziert helfe, wie die Heilung in ihrer Praxis. Bei der Fernheilung fallen nämlich einige Attribute weg, die wichtig scheinen. So etwa fehlen die Hände des Heilers auf unserem Körper, man sieht den weissen Kittel des Arztes nicht und auch der Eindruck der Praxisräume als Heilungsort auf die Psyche des Hilfesuchenden entfällt.

Und die Unsicherheit wächst: Nehmen die Heilkräfte auf grössere Distanzen nicht stark ab (Kilometer angesichts des unendlichen Weltraumes), so dass erfolgreiches Wirken unmöglich wird? Diese Bedenken und Einwürfe wischt der Heiler mit einer einzigen Handbewegung aus dem Raum. Schliesslich, so flüchtet er sich in seiner Erklärung, seien es ja nicht die Energien des Heilers, die wirken würden, sondern die Quantenenergien des Weltalls. Die kennen keine Grenzen und auf einige wenige Kilometer komme es nun mal wirklich nicht an.

Hier operiert der Heiler also nicht mit dem magischen Denken, sondern mit knallharten neuesten wissenschaftlichen Erkenntnissen und Therapiegedanken: den Quanten. Es geht ja nichts ohne die Quantenphysik, wie ja ein richtiger Geistheiler sich auch gerne mal den weissen Arztkittel umhängt um seine Ärztlichkeit und Therapeutik zu untermalen.

So viel zu Geistheiler. Ihr monetärer Umsatz auf dieser Welt wird in die Milliarden gehen, inklusiv aller weiteren Esoterik. Da wird mächtig viel Geld verdient an der Gläubigkeit und am Aberglauben und am magischen Denken der Menschen.

Astrologie

Sie wird auch Sterndeutung genannt, aus ‚astron', der Stern und ‚logos', die Lehre, zusammengesetzt. Sie versucht die Deutung von Zusammenhängen zwischen astronomischen Ereignissen (Konstellationen der Sterne) und irdischen, auf den Menschen bezogene Vorgänge.

Sie liefert Sterndeuterinnen und Sterndeuter Berechnungs- und Verhältnisgrundlagen, die mathematisch gedeutet werden. Als esoterischer Zweig durch die New-Age-Bewegung der 60er Jahre des 20ten Jahrhundert wieder aktiviert, fristete die Astrologie vorher lange Jahrhunderte eher ein nebensächliches Dasein. Ihre Aussagen sind statistisch nicht signifikant und sind somit nicht zutreffender als willkürliche Behauptungen.

Immerhin sei bemerkt, dass es erwiesene Zusammenhänge von Gestirnen und weltlichen Phänomenen gibt, wie etwa die Tide der Meere oder Funkprobleme bei starken Sonnenwinden. Auch nimmt man an, dass der weibliche Zyklus sich den Mondphasen angepasst haben soll. Dass die Gestirne auch direkten Einfluss auf die Persönlichkeit von Menschen habe, wird im wissenschaftlichen Umfeld bezweifelt. Dagegen sprächen die Willensfreiheit und die Entwicklungsmöglichkeiten des Menschen. (Doch bei Vollmond spinnen viele Menschen.)

Immerhin ein interessanter Ansatz, denn von der Willensfreiheit und den Entwicklungsmöglichkeiten des Menschen handelt auch dieses Buch. Doch davon später.

In gewissen Medien werden astrologische Ergebnisse in Form von Horoskopen zwar täglich gedruckt, doch stehen modern und aufgeklärt denkende Menschen den darin gemachten Deutungen eher mit einem müden und allenfalls belustigenden Lächeln gegenüber. Vielleicht gibt es jedoch eine grosse Anzahl von Ausnahmen.

Astrologie (Astronomie) jedoch, so muss man hier fair sein, hat eine lange geschichtliche Tradition und wurde nicht von der New-Age-Bewegung erfunden, sondern höchstens wieder neu entdeckt. Ein früher Hinweis auf eine Astrologie im Sinne von Himmelsbeobachtung sei hier zur Anschauung erlaubt. Das Beispiel stammt von den Sumerern, einem vorderasiatischen Volk, das im 3. Jahrtausend vor Christus im südlichen Mesopotamien lebte. Mesopotamien liegt im sog. Zweistromland, also zwischen den Flüssen Euphrat und Tigris im heutigen Irak und Syrien.

„Früheste Hinweise auf eine Astrologie im Sinne von Himmelsbeobachtungen und daraus abgeleiteten Vorhersagen gibt es bereits bei den Sumerern im Zusammenhang mit der bei ihnen gebräuchlichen Eingeweideschau, aber zu einer Ausprägung von Elementen eines astrologischen Systems kam es in Mesopotamien erst wesentlich später. Ihr lag die Vorstellung eines Einklangs zwischen Himmel und Erde und dem Bereich der Götter zugrunde, die alle einem vorbestimmten Schicksal unterworfen seien. So wurde etwa jede Himmelserscheinung aufmerksam verfolgt und als günstig oder ungünstig für ein Volk oder für einen Herrscher bewertet. Eine Vielzahl derartiger Vorhersagen fand sich in der Bibliothek Assurbanipals in den Ruinen von Ninive. In diesem Zusammenhang wurde jedem Tag, jedem Monat oder auch einzelnen Regionen des mesopotamischen Reiches eine astrale Gottheit zugeordnet. Als höchste planetare Gottheit wurde damals der Mond betrachtet. Das Konzept des Tierkreises und

seine Aufteilung in „Zeichen" wurde ebenfalls bereits in Mesopotamien entwickelt." Abbildung:
Eine Tontafel aus der Bibliothek Assurbanipals mit astrologischen Vorhersagen
https://de.wikipedia.org/wiki/Astrologie

Mein Jahreshoroskop für 2017 (Sternzeichen Widder)

Das Sternzeichen des Widder

Ich stelle mein Können unter Beweis.

Im Jahr 2017 schenken mir Uranus und Saturn viel Erfolg. Ich wachse über mich selbst hinaus und ergreife Chancen, die sich nicht nur kurzfristig, sondern auch langfristig für mich lohnen.

Mein Liebeshoroskop 2017

Als vergebener Widder erfahre ich 2017 eine wunderschöne Intimität und Vertrautheit in meiner Beziehung. Dank Uranus kommt aber dennoch nie Langeweile auf. Im Februar, März und Mai steht die Venus in meinem Zeichen und ich schätze jede Minute, die ich mit meiner Partnerin verbringe.

Singles sind nun auch in bester Flirtlaune. In der ersten Hälfte des Jahres kann so einiges passieren. Bis Oktober jedoch könnte der Jupiter mir allerdings einen Strich durch die Rechnung machen. Er verleitet nämlich zu unüberlegtem Handeln.

Paare dürfen sich noch auf den Juli, den September und den Dezember freuen. Da sorgt die Venus noch einmal für eine Extra-Portion Schmetterlinge im Bauch. Widder, die noch auf der Suche sind, finden vielleicht im Dezember heraus, ob Sie den Partner fürs Leben gefunden haben.

So läuft es 2017 im Job (Ich bin jedoch pensioniert!)

Von Februar und bis Anfang Juni sprudle ich geradezu über vor Kreativität. Was ich jetzt erreiche, ist von Dauer. Mars hilft mir vom 21. Juli bis 5. September alles zu schaffen. Damit hinterlasse ich einen guten Eindruck. Ab dem 22. Oktober sollte ich meine Konkurrenz besser im Auge behalten.

Bis zum 10. Oktober sollte ich Entscheidungen bezüglich Verträgen und meiner Finanzen nur nach gründlichem Überlegen treffen. Jupiter kann zum Leichtsinn verleiten. Glücklicherweise verhindert Saturn aber Schlimmeres. Er verschafft mir sogar die Gelegenheit, meinen Kontostand zu verbessern. Besonders im Juli, November und Dezember kann ich mich über leicht verdientes Geld freuen. Ich mache gute Gewinne mit Verkäufen. (Obschon ich nicht glaube, dass mein bescheidenes Büchlein ein Renner wird!)

Ihre Gesundheit 2017

Dank Mars in meinem Zeichen kann ich mich vom 28. Januar bis zum 10. März beim Sport so richtig auspowern. Im Frühling wird es dann Zeit für eine Wellness- und Beautyphase. Ich gönne mir dann eine Pause. Vorsicht bei zu grossen Portionen auf dem Teller: Im Juni und Juli zeigt sich das schnell auf der Waage. (Ach, das zeigt sich ja schon seit Jahren!) Vom 21. Juli bis 5. September habe ich dann wieder extra viel Energie. Ich nutze sie dann. Ab dem 22. Oktober sollte ich mir Ruhe und Entspannung gönnen. Hetze dich doch bloss nicht, Alter! Ein kleiner Tipp: Setze deine guten Vorsätze schon vor Weihnachten in die Tat um und friss ab dem 20. Dezember weniger Süsses.

Aus http:// http://astrowoche.wunderweib.de/widder-8910.html

Auch hier wird klar aufgezeigt, wie ich meinem Schicksal einen Tritt geben kann, wenn ich Entscheidungen bezüglich Verträgen und meiner Finanzen nur nach gründlichem Überlegen treffe. Sonst wehe mir, Schicksal!

So viel zur Esoterik und Astrologie. Dieser Exkurs soll dazu dienen, zu beweisen, dass die Esoterik zu nichts Geringerem angetreten ist, als uns vor dem Schicksal zu bewahren und uns Tipps zu geben, wie wir unserem Schicksal entkommen können, ihm sozusagen ein Schnippchen schlagen können.

Astrologie, Reinkarnation, Wahrsagung, Engelanrufungen, Geisterbeschwörungen, Jenseitskontakte, Geomantie, Feng-Shui, Rohkostglauben und Lichtnahrung, um nur einige zu nennen, sind einzig dazu da, uns gesund und fit zu machen, uns vor dem Bösen zu schützen, unsere Gesundheit wieder herzustellen, unsere Geschicke zu beeinflussen (beachte: Geschick kommt von Schicksal) und damit nichts weniger, als unsere eigenen Schicksale zu kennen, zu bewirtschaften, zu verändern, zu verbiegen und hinzunehmen.

Daher ist unser esoterische Glaube selbst unser Schicksal! Oder noch einfacher gesagt: Esoterik **ist** unser Schicksal!

Karma in der Hölle oder das Fegefeuer?

Die Inhalte meines Glaubens sind mein Schicksal!

Alles Karma oder was?

Was ist Karma? Ganz einfach. Jede Handlung, jede Tat, jede Gesinnung, jede Straftat, jede Guttat, jedes böse oder gute Wort – also alles, ob physisch oder geistig – hat unweigerlich eine Folge. Und der Clou daran ist, dass diese Folge (Auswirkung) nicht unbedingt im gegenwärtigen Leben wirksam wird oder wirksam werden muss, sondern sie kann sich auch erst in einem zukünftigen Leben manifestieren.

Merke: Es gibt nach dieser Lehre, nach diesem Konzept ein Leben nach dem Leben, also nach dem Tod. Wir müssen einfach daran glauben, denn wissen tun wir es nicht. Im Begriff der Reinkarnation kommt dieser „Leben-nach-dem-Leben-Gedanke" vor.

Und **Merke** auch: Das Wort „manifestieren" gehört zum festen inneren Vokabular jeder Esoterik, genau so wie das Wort „blockieren", also Manifestation und Blockade.

Jetzt sind wir in Indien und in der indischen Religion angelangt. Gegen diese habe ich nun wirklich nichts einzuwenden und es ist gut, dass es gläubige Menschen mit festen Überzeugungen gibt. Dort, in Indien, ist das Karma eng mit dem Glauben an Samsara, dem Kreislauf der Wiedergeburten verbunden. Eng verbunden ist auch das Ursache- und Wirkungsprinzip, welches über mehrere Generationen und Lebensspannen gilt.

Was du tust oder unterlässt (z.B. Barmherzigkeit) hat Rückwirkungen auf dich selbst. So! Karma ist jedoch keine göttliche Gnade oder göttlich Strafe, wie mancher Heiler behauptet, sondern eine Art von Gesetz.

Es gibt gutes und schlechtes Karma. Besser ist gar kein Karma mehr zu erzeugen. Dann sind wir frei und werden nie wieder neu geboren.

Esoteriker in ihren Praxen verdienen viel Geld mit dieser indischen (hinduistischen und buddhistischen) Lehre. Und das ist schlecht. Sie ziehen westlichen Gläubigen, also den Verunsicherten und Hilfe suchenden Menschen jede Menge Moneten aus den Taschen.

Samsara (Sanskrit, n., संसार, saṃsāra; Pali: saṃsāra; wörtlich: „beständiges Wandern") ist die Bezeichnung für den immerwährenden Zyklus des Seins, den Kreislauf von Werden und Vergehen oder den Kreislauf der Wiedergeburten in den indischen Religionen Hinduismus, Buddhismus und Jainismus. In den ↪ Upanishaden gelingt dies über die spirituelle Erkenntnis, dass die Individualseele Atman mit Brahman (Weltseele) in ihrem Wesenskern identisch sei.

Also, alles was ich tue oder sage, erzeugt Karma. Schlechtes wie gutes. Die Werke eines Menschen, die Tätigkeit und die Aussage, erzeugt automatisch ihre Wirkung (das Karma).

Zu der Frage, wie sich die Früchte der Taten realisieren, gibt es mehrere Auffassungen:

(1) die Seele verlässt nach dem Tod den Körper und wird in einem neuen, durch Karma bedingten Leib neu geboren.

(2) Die Vergeltung findet teils im Jenseits, teils in der neuen Existenz statt.

(3) Gutes Karma kann eine zeitlich begrenzte Seligkeit im „Himmel" erwirken, schlechtes Karma dagegen einen Aufenthalt in der „Hölle", jedoch nicht als endgültiger Zustand, sondern z. B. im Wechsel mit der Tiergeburt.

Alle guten Werke können religiöse Verdienste (*punya*) schaffen, die Karma abbauen. Solche besonderen Verdienste erwarten sich Gläubige etwa von religiösen Riten, Fasten, Wallfahrten oder Geschenke an Brahmanen sowie durch allgemeine Mildtätigkeit (*danam*) und Tempelbauten.

Jeder Mensch ist für sein Karma selber verantwortlich. Er kann jedoch in esoterische Praxen gehen und sein Karma gegen eine Stange Geld „verändern oder sogar ganz zum Verschwinden bringen". Selbstverständlich nur das Schlechte. Das hat mit mittelalterlichem Ablass, von Beichte, Vergebung und Absolution zu tun.

> **Buddhismus, Hinduismus und Jainismus:** Meine Ausführungen sind nicht gegen diese Religionen gerichtet, sondern beziehen sich ausschliesslich auf das „esoterische" Karma.

Ziel ist es also zunächst, durch Reinigung der Handlungen den Einfluss neuen Karmas zu stoppen. Zu diesem Zweck sieht der Jainismus die Einhaltung diverser ethischer Verhaltensregeln und meditativer Praktiken vor. Dazu gehören

- die „Fünf Achtsamkeiten" (*samiti*), die dem Schüler vorgeben, beim Gehen, Sprechen, Almosensammeln, im Umgang mit jedwedem Objekt und bei der Ent-

sorgung von Abfällen achtsam zu sein, um keinem Wesen zu schaden.
- die „Drei Einschränkungen" (*gupti*), die mit der Kontrolle von Körper, Rede und Geist einhergehen,
- die „Zehn Tugenden" (*yati dharma*): (1) Nachsicht, (2) Bescheidenheit, (3) Aufrichtigkeit, (4) Genügsamkeit, (5) Wahrhaftigkeit, (6) Selbstkontrolle, (7) Askese, (8) Entsagung, (9) Gleichmut und (10) Enthaltsamkeit
- die „Zwölf Betrachtungen" (*bhavna*): (1) Unbeständigkeit, (2) Schutzlosigkeit, (3) Wiedergeburt, (4) Einsamkeit der Seele, (5) Getrenntheit von Bewusstem und Nicht-Bewusstem, (6) Unreinheit des Körpers, (7) Karmaeinfluss, (8) Aufhalten des Karmaeinflusses, (9) Karmaabbau, (10) Vergänglichkeit der Welt, (11) Schwierigkeit im Verwirklichen der Drei Juwelen (die Seltenheit der Erleuchtung), (12) Schwierigkeit im Auffinden der richtigen Lehre.

Wurde der Einfluss neuen Karmas zum Stillstand gebracht, muss zudem das bereits angesammelte Karma beseitigt werden. Dies wird durch die Einhaltung strenger Askese (*tapas*) bewerkstelligt. Es gibt im Jainismus zwei Arten von Askese:

- Die *äußerliche Askese* (*bahya tapas*) diszipliniert den Körper gegen das Aufkommen von Begierden. Zu den entsprechenden Praktiken gehören: regelmäßiges Fasten, völlige Abstinenz von Essen und Trinken für einen vorgeschriebenen Zeitraum (*anashana*), weniger zu essen als das Hungergefühl vorgibt (*unodari*), Einschränkung der Nahrungsaufnahme und des Gebrauchs von materiellen Dingen (*vrtti-parisankhyana*), völlige Abstinenz von Butter, Milch, Tee, Süßspeisen, Gebratenem, scharfer Nahrung und Säften (*rasa-parityaga*), gewolltes Aushalten von körperlichen Schmerzen, z. B. barfüßiges Umherwandern in extremer Hitze oder Kälte, oder das Ausreißen von Haaren mit der bloßen Hand (*kayaklesha*), Sitzen an einem einsamen Ort in ruhiger Körperhaltung, die Sinne nach innen gewandt (*sanlinata*).

- Die *innerliche Askese* (*abhyantara tapas*) reinigt die Seele. Dazu gehören: das Bereuen schlechter Taten (*prayashchitta*), Demut gegenüber Mönchen, Nonnen, Lehrern und älteren Menschen (*vinaya*), selbstloser Dienst an Mönchen, Nonnen, älteren Menschen und Leidenden (*vaiyavrata*), Studieren der Schriften und aufmerksames Zuhören bei Vorträgen (*svadhyaya*), Meditation (dhyana), Zurücknehmen der Aktivitäten von Körper, Rede, Geist (*kayotsarga*).

Wurden durch kontinuierliche Praxis die vier schädlichen Karmaarten beseitigt, tritt der Praktizierende in das Stadium der Allwissenheit (*kevala jnana*) ein. Wenn zum Zeitpunkt des Todes auch die vier unschädlichen Karmaarten von der Seele abfallen, so erreicht sie „Moksha" („Nirvana"), die endgültige Befreiung von erneuter Wiedergeburt. Sie steigt auf in den obersten Bereich am Scheitelpunkt des Kosmos, um dort für immer in ruhiger Seligkeit zu verharren, und kehrt nie wieder in den Kreislauf des Samsara zurück.

(aus https://de.wikipedia.org/wiki/Karma. Hinduismus betreffend)

Karmamedizin und Karmapraxis

Karma ist beeinflussbar, das sagt selbst der Jainismus. Also weshalb sollten westliche Esoteriker in ihren Praxen da keine Karmamedizin anbieten?

Die diversen Karmaarten gilt es richtig zu unterscheiden, damit ihnen gezielt entgegengewirkt werden kann. Wir unterscheiden zwei Hauptgruppen:

1. Das schädliche Karma
2. Das unschädliche Karma

Das schädliche Karma trübt die Allwissenheit und verdunkelt die unbegrenzte Wahrnehmung der Seele. Es vermindert auch die Fähigkeit zu rechter Wahrnehmung und zu rechtem Verhalten und führt dazu, dass sich die Seele mit anderen Substanzen identifiziert. Des weiteren schwächt es die unendliche Energie der Seele und verhindert das Vollbringen guter Taten.

Dann gibt es noch das unschädliche Karma. Aber weit gefehlt, auch es hat seine Tücken:

Es erzeugt Freude **und** Leid, es verdunkelt die ewige Glückseligkeit der Seele, erzeugt Körperlichkeit und dadurch verschleiert es die formlose Existenz der Seele. Es trübt auch den Gleichmut der Seele und bestimmt die Kastenzugehörigkeit, die Familie, die soziale Stellung und die Persönlichkeit. Gutes Karma bestimmt auch die Lebenszeit und verschleiert damit die Unsterblichkeit der Seele.

Ich kann dies jedoch unmöglich weiter explizieren, verstehe ja selbst kaum was davon. Hier bin ich immerhin sehr offen und ehrlich. Ein Hilfsmittel der Karmamedizin möchte ich Ihnen hier nicht vorenthalten. Dieser Apparat heisst:

TeraQuant MQ 2000

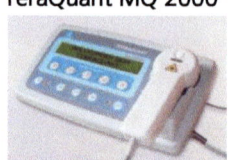

Preis ca. 1900 Euro

Es handelt sich um ein Lasergerät mit weniger als 10 Watt Leistung und einer dazu passenden Schutzbrille. Seine Funktion liegt in der ↳ Quantenarbeit/-therapie. Das Gerät ist ein Polyfaktor Quantentherapiesystem (verstehe nur Bahnhof!).

Da die Ursache der allermeisten Erkrankungen nicht in einer Schädigung im Stofflichen des Körpers liegt, sondern auf einer Störung des informations-energetischen Austauschs zurückzuführen ist (feinstofflicher Bereich), verzerren „fremde" elektromagnetische Felder die körpereigene Wellenlänge.

Danach sind alle körperlichen, organischen, hormonellen, zellulären Erkrankungen und Symptome, alle Störungen im Stoffwechsel, Gewebe-Defekte und Attacken von Viren und Bakterien auf das Immunsystem, letztlich nur eine ferne Folge der ständigen elektro-magnetischen Beeinträchtigung durch „fremden" Elektrosmog. Zu diesen künstlichen Störstrahlungen zählen Radio, Fernseher, Computer, Handys und Quarzuhren ebenso wie Beleuchtungen, Züge, Fernleitungen, Atomkraftwerke, Satelliten und vieles mehr. Sie alle führen zu einem unterschiedlich starken Energieabfall der Zelle. Genau da setzt die Therapie mit dem „TerraQuant" an.

Dazu kann ich ebenfalls unmöglich weitere Informationen geben und erläutern, da ich auch dies nicht verstehe.

Aber wir haben einen guten Eindruck von der esoterischen Karmamedizin erhalten. Und zwar einen richtig guten!

Wer krank ist, erhält nach esoterischem Kalkül eine karmische Lektion. Eine Krankheit ist die Folge schlechten Karmas. Wer krank wird, ist an seinem Leiden selber schuld. So. Und eine Behinderung, z.B. eine körperliche Verkrüppelung ist nichts anderes, als die gerechte Strafe für moralische Fehltritte in früheren Leben. Ja, nun dann halt.

Ja, Esoteriker denken wirklich so. Da ist man nicht nur krank oder behindert, man ist auch noch selber Schuld an seinem Zustand.

Zugegeben, das obige Beispiel mit dem TerraQuant Quantenlaserheilgerät ist schon ein wenig starker Tobak in meinen Ausführungen. Einfacher und billiger wären Rituale, bei denen negatives Karma von Kranken abgelöst, aufgelöst, neutralisiert, blockiert oder transformiert wird. Zumal sicherlich gleich effektiv wirkend und womöglich sogar und eventuell billiger.

Wenn Gesundheit eine Frage der geistigen Haltung ist, dann ist ein Käufer eines so teuren Gerätes wirklich krank und zwar schon beim Kauf. Die geistige Haltung des Käufers ist nicht gesund. Und nach Alice Ann Bailey ist jede Krankheit die Folge gehemmten Seelenlebens. Die Verantwortung für all das, was uns in unserem Leben zustösst, tragen wir immer selbst. Auch die Verantwortung für den Kauf eines 1900 Euro billigen Gerätes, dessen Wirkung nicht erwiesen ist, tragen wir immer selbst. Und auch die bösen Folgen!

Karmamedizin geht aber auch billiger. So sind Raucherstäbchen günstig zu haben, Massageoel ebenso und „gutes Karma" in Kapseln gibt es als Geschenkidee. Eine solche Dose kostet lumpige Euro 2,95. Aetherisches Teebaumoel kann hier auch noch empfohlen werden. Um jedoch nicht nur harte Medizin zu propagieren, wie wäre es mit Lichtwegbegleitungen, Psychokinesiologie nach Dr. D. K., Spirituellem Coaching, Spiritueller Psychotherapie, Schattenarbeit, Reiki oder Regressionsarbeit, Radionik, Phantasiereisen oder noch besser mit der Meridian-Energie-Technik oder feinstofflichen Heilweisen?

Channeling ginge ja auch noch zur Not. Denn die uns übermittelten Botschaften aus der geistigen Welt sind mehr als nur Informationen, viel mehr. In aller Regel findet nämlich auch eine Energieanhebung statt, bei der man höhere Schwingungen aus dem Universum empfangen kann. Höhere Schwingungen sind Liebe, Freude, Kraft, Weisheit und Kreativität. Denn genau diese Schwingungsanhebung hilft, Blockaden zu transformieren. In die nächste Ebene. Im Nebeneffekt hebt es auch das persönliche und spirituelle Bewusstsein an und, ganz wichtig, sie stellt eine Verbindung zu den Schutzengeln her.

Durch die geistigen Botschaften wird man angeregt, seine Situation besser zu verstehen und aus einem neuen Blickwinkel zu betrachten. Viele Menschen haben nämlich einfach vergessen, wie viel Kraft in ihnen steckt und wie vollkommen ihr innerstes Wesen eigentlich wäre. Die Botschaften der geistigen Welt sind wie ein Licht, das Klarheit anzündet für einen Neubeginn im Leben. Alle „Durchsagen" sollten aus dem Herzen heraus überprüft werden. (Bitte nehmen Sie nur an, womit Sie in Übereinstimmung sind).

Channeling hilft möglicherweise bei:

- Abgrenzungsschwierigkeiten
- alte Energie
- Anbindung
- Angst
- Besessenheit
- Besetzung
- Beziehungsproblemen
- Blockaden
- Borderline Syndrom
- Botschaft
- Depressionen
- Entscheidung treffen
- Isolation
- Jenseitskontakte
- Karma
- Kontakt zu Verstorbenen
- Krankheit
- Krise

Soviel zur Karmamedizin und Karmaarbeit. Es ist auf jeden Fall eventuell wirklich (?) und möglicherweise auch nicht (!?) ein Versuch wert, einmal im Leben so was geistiges auszuprobieren. Schliesslich wirft man sein hart verdientes Geld ja für einen noch viel grösseren Blödsinn aus dem Fenster. Tagtäglich.

Karmatipp für Haustierbesitzer:

Behandle dein Haustier so, dass du im nächsten Leben ohne Probleme mit vertauschten Rollen klar kommst!

Reinkarnation

Sehr gut verbinden kann man den Karma-Gedanken mit dem Gedanken der Re-Inkarnation. Bekannt ist hier eine Frau namens Helena Petrovna Blavatsky. Hier ein Foto von 1889:

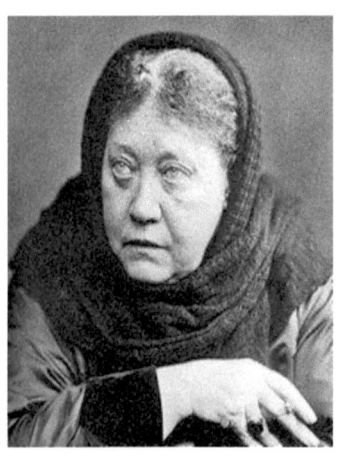

Sie begründete mit anderen die sogenannte Theosophische Gesellschaft, welche den Reinkarnationsgedanken stark verbreitete. Berühmt wurde die Frau wegen ihrem Hauptwerk, *The Secret Doctrine* (deutsch *Die Geheimlehre*, 1899), indem der Reinkarnationsgedanke zu einem integraler Bestandteil der späteren theosophischen Lehre wurde.

Angeregt wurde sie zwar stark durch hinduistische und buddhistische Lehren, nachdem endlich brauchbare Übersetzungen in deutscher Sprache vorlagen. Aber ihre Reinkarnationslehre ist doch sehr europäisch geprägt. Der auch hierzulande sehr bekannte Theosoph Rudolf Steiner entwickelte ihre Gedanken weiter.

Heute ist vielleicht noch das „Universelles Leben" zu erwähnen, welches dem Reinkarnationsgedanken etwas Raum gibt, ansonsten fristen Reinkarnationstherapien eher in esoterischen Kleinpraxen noch ein relevantes Dasein.

Wir wissen ja, fast jede Frau könnte auf Cleopatra rückgeführt werden. Bei den Männer wäre es wohl Julius Caesar.

Menschen sind manchmal seltsame Wesen, glauben an Götter im Himmel, aber oft fehlt ihnen jede Barmherzigkeit oder Brüderlichkeit auf Erden. Sie sind noch im 3. Jahrtausend sehr abergläubig und vermutlich streifen sie weder die Abergläubigkeit noch die Gläubigkeit auch im 4. Jahrtausend nicht ab.

An und für sich ist Religion und Glaube ja wichtig und für den Menschen offenbar notwendig. Alles ist ja verquickt mit Moral und Sittlichkeit. Und gute Religionen morden nicht und lassen Andersgläubige und Ungläubige am Leben. Oder wie jetzt?

Aber auf diese verdammten Wahrsager, Reinkarnationstherapeuten, Hexen und Geistheiler muss ich jetzt doch einmal ein Paar kräftige Flüche loslassen, gerade weil sie sich teuflisch am Glauben und Aberglauben der Menschen bereichern. Ihr Mammon ist das Geld und nicht Gott. Auf den unsinnigen Schmalz, den sie im ganzen Universum und auf dieser Welt verbreiten, sei einmal kräftig dampfend gekackt. So.

Das magische Denken

Die folgenden Ausführungen sind als abschliessende zum Thema der Esoterik gedacht. Wir müssen da mal was klären. Es ist nämlich so, dass alle Menschen Phasen haben, während denen sie magisch denken.

Magisches Denken bezeichnet in der Entwicklungspsychologie eine Erscheinungsform der kindlichen Reifung, bei der eine Person annimmt, dass ihre Gedanken, Worte oder Handlungen Einfluss auf ursächlich nicht verbundene Ereignisse nehmen, solche hervorrufen oder verhindern können. Herkömmliche Regeln von Ursache und Wirkung werden ignoriert. Es hat eine grosse Nähe zur Magie, welche, wie die Religion, kulturübergreifend auf der ganzen Welt festzustellen ist.

Magisches Denken trifft auf praktisch alle Kinder im Alter zwischen 2 und 5 Jahren zu. Ihre magische Phase beginnt im Verlauf des dritten Lebensjahres und beeinflusst das Denken und Handeln des Kindes. Erwiesen ist, dass gewisse Teilbereiche der magischen Ideen sich sogar über das sechste Lebensjahr hinausziehen. Es kommt der Verdacht auf, dass diese magische Phase ein Teil der Menschheit ein Leben lang begleitet.

In der Vorstellungswelt der Kinder, bezogen auf sein Wünschen und Denken, ist während dieser magischen Phase alles möglich. Es könnte alles tatsächlich eintreten. Denn was ein solches Kleinkind sich ausdenkt und was es tut, steht als wichtige Ursache, was passieren könnte. Es könnte in seiner Meinung alles wirklich bald eintreten.

Es denkt sich aber auch, dass alles das eintreten könnte, was seine Eltern denken oder andere erwachsene Menschen, wie auch Hexen und Feen und böse Monster. Auch die könnten etwas geschehen lassen.

Schliesslich existiert der Weihnachtsmann, das Christkind und der Osterhase ja wirklich. Und Mami ist krank, weil das Kind böse war. Diese magische Phase ist ein normaler Bestandteil der kindlichen Entwicklung. Wenn es jedoch älter wird, sollte es zwischen seinen Gedanken und der äusseren Realität eine Grenze ziehen.

Hier liegt bei vielen magisch denkenden Menschen jedoch eine Art kindlicher Unausgereiftheit vor, weil sie sich von esoterischen Therapeutinnen und Therapeuten und deren angepriesenen „Behandlungen" dieses magische Denken wieder aufschwatzen lassen. Wer bei einem Geistheiler zur Therapie und Beratung geht, glaubt an die Macht von Geistern und auch an die Macht und an das Dasein universeller Energien und Göttlichkeiten.

Im Buch eines berühmten Geistheilers aus England kann man nachlesen, dass dieser die Meinung vertritt, dass in Form seiner Fürbitte eine Verbindung zwischen ihm und jenseitigen Heilungsführern hergestellt wird. Dieser Kontakt bezeichnet er als geistiger Ein-Klang, oder auch als meditative Einstimmung in die jenseitige Welt. Sendet ein solcher Heiler in meditativem Einklang mit einem jenseitigen Heilungsführer eine gedankliche Fürbitte aus, so kann jener das Anliegen aufnehmen, die Diagnose der Krankheit stellen und die geeignete jenseitige Heilungsenergie einwirken lassen, die das jeweilige Leiden des Patienten automatisch beseitigt.

Nicht einmal die Diagnose zu stellen, braucht der Geistheiler. Dies erledigt der jenseitige Heilungsführer.

Es versteht sich von selbst, dass bei arthritischen Ablagerungen und bei Tumoren diese Energie auflösend sein wird, zur Normalisierung der Blutzusammensetzung jedoch anregend und zur Behebung nervöser Spasmen entspannend wirken muss.

Niemand geht zu einem Geistheiler, wenn er diese fundamentalen Glaubensinhalte ablehnt. Er wird schon im Vorfeld seiner Anmeldung an diesen Vorgang glauben und muss vom Heiler nicht zuerst noch auf diese Magie herangeführt werden.

Wir haben schon weiter oben über Herrgottswinkel gesprochen. Und wir haben auch schon gehört, dass in bäuerlich-ländlichen Gegenden Gegenstände vergraben oder in die Landschaft gesetzt wurden, welche das Böse vom Felde oder von der Wohnstätte abhalten sollten. Dies gehört ebenfalls zur Magie und zum magischen Denken.

Noch vor nicht allzu langer Zeit kannte man im Volkstum sog. Zauberbücher. Darin finden sich Segens- und Beschwörungsformeln, Zaubersprüche, magische Sprüche, Zauberpraktiken, Heilprozeduren, magische Kuren und Hexenabwehrzauber. Bestimmte magisch-abergläubische Praktiken dieser Zauberbücher werden jedoch von der röm.-katholischen Kirche verfolgt und abgelehnt. Zauberbücher wurden verbrannt.

Oft findet man eine gewissen Ambivalenz in den Sprüchen, gelten sie einmal der weissen, ein anderes Mal der schwarzen Magie. Der ambivalente Charakter der Magie symbolisiert der Rosenstock.

Man kann es jetzt als magisches Denken bezeichnen oder als Okkultismus und Aberglauben, was da alles praktiziert wurde. Vieles stammt aus heidnischen Zeiten oder hat heidnischen Charakter.

Zauberbücher waren Anleitungen zum Umgang mit Tod und Teufel, Hexen und Hausgeister, Wunsch und Wahn, Gift und Galle. Oft von der Kirche verboten und verbrannt, wurden sie auch fleissig abgeschrieben und an versteckten Orten sorgfältig und vor Nässe und Nagern geschützt, aufbewahrt.

Verbreitung fanden Zauberbücher auch durch Hausierer, die von Hof zu Hof zogen, die sie teils offen, teils geheim an den Mann brachten. Alte, arme und einsam lebende Weiber (sog. Hexen), aber auch Scharfrichter, Schäfer, Schmiede und Landleute machten daraus ein richtiges Gewerbe, welches ihnen oft einiges Geld einbrachte und von weither teils grossen Zulauf verschaffte.

Darin finden sich auch Anleitungen zum Aufspüren von Hexen und Gegenmassnahmen gegen ihre Schädigungen. Rezepte, um das Hab und Gut zu schützen, nicht nur gegen jene Hexen, sondern auch gegen Diebe, marodierende Soldaten oder neidische Nachbarn. Enthalten sind auch Krankheitssegen für Menschen, Vieh und Frucht. Bittsegen gegen drohende Gefahren, Schutz vor Geistern, Naturgewalten, bösen Blicken.

Der ganze, heidnisch-okkulte Volksbrauch diente im Grunde genommen der Abwehr schlechten Schicksals und Hinführung zu gutem Schicksal.

Das ganze liest sich manchmal auch recht kurios. Beispielsweise ein Rezept gegen Warzen, unter denen Menschen im Mittelalter oft litten. Das Rezept besagt, dass man Speck vom Schweine nehmen soll, das erst gerade geschlachtet, also weder gesalzen noch geräuchert wurde. Die Warzen müssen bei abnehmendem Mond mit dem Speck eingeschmiert werden um ihn danach im Erdreich zu vergraben. Wenn der Speck verfaule, so würden auch die Warzen abfallen.

Weil man nicht immer gerade Speck eines soeben geschlachteten Schweines zur Hand hatte, genügte für die Entfernung von Warzen auch die abgezogene Magenhaut einer soeben geschlachteten Henne.

In sehr gläubigen Regionen kannte man noch lange den Hexenbanner. Wurde eine übernatürliche Ursache für Krankheit und Unglück angenommen, wurde er tätig. Das Hinzuziehen eines Hexenbanners setzte selbstverständlich einen intakten Glauben an die Macht von Hexen voraus. Ohne Hexen keine Hexenbanner. Ohne den Glauben an das Werk von Hexen, keine Hexenverbrennungen. In ländlichen Regionen blieb der Hexenglaube bis ins 20. Jahrhundert lebendig.

In der Esoszene hält sich das Ausräuchern bis heute. Früher räucherte man in verhexten Stuben, Gehöften und Ställen am Abend oder, noch besser, in der Mitternachtsstunde. Vermutete man verhexte Menschen, so wurden nur die Wohnräume ausgeräuchert, wenn die Kinder und das Gesinde schliefen. Der Hausvater liess die Fenster dicht verhängen und die Haustüren verschliessen. Dann legte er glühende Kohlen auf eine Pfanne und schüttelte Teufelsdreck darüber, worauf sich ein beissender Qualm verbreitete. (Teufelsdreck ist ein Gewürz)

Während der Hexenbanner einen frommen Spruch und das Vaterunser verlauten liess, trug er die Pfanne durch die Wohnung, wodurch der Rauch die bösen Mächte vertrieb.

Noch im heutigen 3. Jahrtausend kaufen Esoteriker Sprays und nebeln beispielsweise Schlaf- und Wohnräume damit ein, um den Vorgänger und einstigen Liebhaber aus diesen Räumen zu verdrängen, wodurch nun der neue, aktuelle Liebhaber sich ohne Probleme ins Liebesnest einnisten kann.

Da gibt es auch Magic-Sprays, um die persönliche Ausstrahlung und Anziehungskraft zu erhöhen. Oder schwarze Kerzen, die für tiefe Meditationen, für Trennungszauber, Abwehrrituale, zur Abwehr und Neutralisierung negativer Energien, sowie für Schutz- und Angriffsrituale verbrannt werden.

Weiter gibt es Aura-Balance-Sprays, Chakra-Sprays, Engel-Sprays und Seelenparfüms. Ein Hit ist auch der Healing-Mind-

Spray. Er bringt das rotierende Rad der Gedanken zur Ruhe. Es unterstützt bei allen Unruhezuständen, Prüfungsängsten, Stresssituationen bis hin zu Panikattacken. Es führt sehr schnell zurück zu Zentriertheit, innerer Sicherheit und Klarheit im Geiste. Der Healing-Mind-Spray kann situationsbezogen und von mehreren Menschen gleichzeitig angewendet werden.

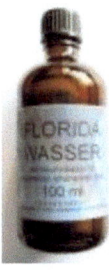

Floridawasser wird seit Generationen in die Ecken und die Mitte des Raumes gesprenkelt um negative Energien zu entfernen. Ein paar Tropfen vor der Eingangstür eines Geschäfts soll den Umsatz steigern.

Um die Energetisierung eines Raumes zu verlängern, stellt man eine kleine Schale mit einer Mischung aus Meersalz, Wasser und Floridawasser auf.

Bei Trauer, Streit, Stress und fehlendem Schwung kann etwas Floridawasser eine grosse Hilfe sein, um die Stimmung aufzuhellen und wieder einen klaren Kopf zu bekommen.

In Peru wird es nach altem Glauben verwendet, um Geld und Glück anzuziehen oder um Kinder nachts vor bösen Träumen und Geistern zu schützen.

Dies alles hat mit unserem magischen Denken zu tun. Im Erwachsenenalter kann magisches Denken Teil mehrerer abgeschwächter psychotischer Symptome sein. Dies muss es aber nicht in jedem Fall sein.

In den Kriterien des DSM-IV, dem Diagnostic and Statistical Manual of Mental Disorders, werden folgende Kriterien der *schizotypen Persönlichkeitsstörung* zugesprochen:

- Beziehungsideen
- eigentümliche Vorstellen
- magisches Denken
- ungewöhnliche Wahrnehmungserlebnisse
- eine eigenartige Denk- und Sprechweise sowie
- paranoide Ideen.

Es wird im magischen Denken angenommen, dass

- es übernatürliche Fernwirkung gebe
- Gegenstände Eigenschaften ihrer Besitzer übertragen könnten (Achtung beim Kauf von Second-Hand)
- Dinge, die eine Eigenschaft gemeinsam haben, seien auch in Anderem ähnlich
- man die Aussenwelt durch Worte, Formeln, Sprüche oder blosse Gedanken beeinflussen könne
- die Zukunft vorhersehbar sei, bestimmte Dinge oder Vorgänge eine Vorbedeutung hätten (auch ohne Verbindung mit künftigen Ereignissen)
- Symbole, zum Beispiel Amulette, eine Wirkung hätten
- bestimmte Menschen übernatürliche Kräfte hätten oder Wesen mit solchen Kräften in ihren Dienst zwingen könnten

- Geister, Götter oder Geheimgesellschaften voneinander getrennte Ereignisse oder Phänomene verbinden könnten

Magisches Denken lässt sich offenbar provozieren. Dies wissen Geistheiler und setzen diese Möglichkeit bei ihrer Heilung voraus. Wer sich in der Eso-Szene bewegt, operiert mit dem magischen Denken. Es ist integraler Bestandteil dieser. Die Hauptstossrichtung ist die Veränderung von Schicksal.

Hist. Darstellung des Hexenritts. Holzschnitt nach einer Originalzeichnung von G. Spangenberg

Kapitel 3 **Aufstand gegen das Schicksal**

In diesem Kapitel befassen wir uns mit den Strategien, die wir anwenden, wenn uns das Schicksal erreicht hat. Unsere Strategien haben den Charakter eines Aufstandes gegen unser erlittenes Schicksal. Ich gehe ein auf Begriffe und Themen wie: Selbstwirksamkeit, Empowerment, Resilienz, Salutogenese und Pathogenese.

Strategien

Wie ich dargelegt habe, wendet sich der Mensch gerne gegen sein ihm bestimmtes Schicksal. Er lässt es sich voraussagen oder versucht mit Hilfe okkulter Kräfte und esoterischen Praktiken seinem Schicksal zu trotzen und es zu beeinflussen.

Wir machen den Gang zu Geistheilern, beten in Kirchen, versorgen uns mit Magic-Sprays, vergraben Amulette, bauen uns mit allerlei Ritualen auf, richten in unseren guten Stuben besinnliche Herrgottswinkel ein, lassen uns durch Karten in die Sterne blicken oder nehmen an spirituellen Sitzungen teil. Der Zugang zu esoterischen Praktiken erkaufen wir uns mitunter mit Dutzenden von sehr teuren Sitzungen bei irgend einem Anbieter. Esoterische Kurse kosten Tausende von Euro.

Wir glauben an unser Karma und an aufgestiegene Meister. Teure Esoterikkurse bringen uns unsere Chakren näher, wir erlernen das Aura-Healing oder lassen uns astrologische Horoskope ausdrucken. Wir anerkennen die Meridianarbeit nach der Traditionellen Chinesischen Medizin, Akkupunktur, sammeln Kräuter und Tees, legen Hand auf, verschreiben uns der Geomantie, erlernen Feng-Shui, Pendeln.

Die Liste ist lang und vor allem ist das Ganz sehr teuer.

Doch das Schicksal schlägt noch immer zu, wo und wann es will. Dagegen ist kein Kraut und auch kein Unkraut gewachsen. Wenn es in den Sternen oder im jenseitigen Universum vorbestimmt ist, falls es ein solches wirklich gibt, erleiden wir einen folgeschweren Unfall oder werden krank, obwohl wir alle Vorkehrungen zu deren Abwehr getroffen zu haben scheinen. Weil es so sein muss und es halt vorbestimmt ist.

Mancherlei Gefahren lauern auch in unserer diesseitigen Welt. Dagegen wirkt keine Lichtenergie und auch keine Karmamedizin. Aber immerhin können wir daran glauben, dass die Therapie an unseren Meridianen Erfolg versprechend sein könnte. Wir können aus unserem Glauben wie auch aus unserem Aberglauben Kraft und Durchhaltewillen ziehen.

Der Mensch ist fähig, sich gegen schicksalshafte Ereignisse aufzulehnen. Er ist in der Lage, an seinem persönlichen Schicksal herum zu feilen, wenigstens deren Auswirkungen in der Zukunft mitzugestalten.

Dabei werden wir ja auch von Selbstheilungskräften unterstützt und nebst okkulter, esoterischer Heilung haben wir Menschen auch eine wirkungsvolle ärztliche Heilkunst entwickelt. Auch daraus können wir schöpfen.

Wir können gegen Krankheiten Medikamente einsetzen, gegen Knochenbrüche mit Platten und Schrauben vorgehen und die Bruchstellen zusammen flicken. Wir durchleuchten unsere Lungen und Becken mit Röntgenstrahlen, Magnetfeldern, unsere Schädel und Hirne mit teuren bildgebenden Farbscannern und ziehen die Bilder und Ergebnisse zur diagnostischen Beurteilung zu Rate.

Weil wir Menschen annehmen, dass wir Einfluss auf das Schicksal nehmen können, spenden wir für Krebshilfe und die

Annahme, dass wir auch den Zufall steuern können, lässt uns an Lotterien teilnehmen. Wir bestellen im Universum.

Jeder Mensch kennt die volkstümlichen Redensarten wie: „Jeder ist seines Glückes Schmied", „Sein Schicksal ist jedem Menschen vorgegeben", „Zufall regiert die Welt" und „Man kann dem Zufall auf die Sprünge helfen".

Aber was ist wahr daran, was machbar, was möglich? Beim Sprichwort: „Jeder ist seines Glückes Schmied", sind wir schon fast sicher, dass diese volkstümliche Redensart seine Richtigkeit hat. Aber der Sinnspruch besagt auch, dass wir unser Glück selber schmieden können, dass es sozusagen beeinflussbar sei. Als läge das Glück in unseren *eigenen* Händen. Nichts also von unabwendbarem Schicksal. Beim „vorgegebenen Schicksal" wird es dann aber etwas schwieriger. Können wir uns wirklich nicht in unsere Schicksalsschiene einfahren, um diese weitestmöglich zu bestimmen? Und können wir dem Zufall wirklich auf die Sprünge helfen?

Ich bin zur Annahme gelangt, dass wir Einfluss haben können auf unser Schicksal und auch tagtäglich Einfluss darauf nehmen. Ich meine jetzt nicht unbedingt bezogen auf einen Autounfall, obschon wir durch vorsichtiges und konzentriertes Fahren einen solchen Unfall zumindest nicht auch noch selber provozieren. Wenn der Ziegel genau auf unseren Kopf fällt, dann ist das Zufall. Gerade so gut hätte er nahe an unserem Kopf vorbei sausen und auf dem Boden zerschmettern können. Aber müssen wir uns denn ohne Bedenken unter ein altes morsches Dach stellen, von dem wir doch annehmen könnten, dass es, oder Teile davon, möglicherweise einbricht?

Ein anderes Beispiel. Wir können dumm und unwissend bleiben, wie wir es sind. Aber wir können uns bilden. Wir könnten Schulen besuchen, studieren oder uns wenigstens als Auditoren an Universitäten in Vortragssäle begeben und uns Ausführungen von Professoren oder Professorinnen anhören. Völlig ohne Matura. Wir können uns für Dinge interessieren, die unser Bildungsniveau anhebt und dazu brauchen wir nicht unbedingt ein universitäres Studium. Blosses Interesse genügt.

In der heutigen Zeit ist es problemlos möglich, uns Bildung durch eigene Überzeugung anzueignen. Literatur und spezifische Lehrbücher gibt es in Hülle und Fülle. Wir könnten beispielsweise den Vorsatz treffen, uns der lateinischen Sprache zu widmen. Ja, warum nicht? Es könnte sogar Spass machen. Dadurch erleben wir womöglich einen Sprachschub ohnegleichen. Viele Fremdwörter werden aus dem lateinischen abgeleitet, auch viele medizinische Ausdrücke sind lateinischen oder griechischen Ursprungs. Das erweitert den Horizont!

Dieses Wissen verschafft uns Bildung, Sicherheit, Selbstvertrauen, auch wenn wir keinen Master oder Bachelor als Krönung unseres Studiums erhalten.

Am Beispiel der Bildung können wir ersehen, dass wir im Grunde genommen bestens in unser (Unwissenheits)-Schicksal eingreifen können. Hierzu offerieren sich uns die verschiedensten Strategien und Wissensgebiete.

Wir können uns etwa auch für Psychologie interessieren, für Philosophie, für Geschichte und Sprache, für Jurisprudenz oder für Mechanik. Alles ist offen und nichts soll unversucht bleiben.

Wenn wir beispielsweise über einen nicht ganz einfachen Charakter verfügen, z.B. an einer diagnostizierten Persönlichkeitsstörung leiden, die im Grunde genommen ein Aspekt unseres Schicksals ist, können wir zu einem Therapeuten gehen, Fachbücher wälzen und versuchen, unser spezielles Dasein als persönlichkeitsgestörter Mensch in den Griff zu bekommen und unsere Psyche zu verstehen.

Ein Leben lang doktern wir an unserem eigenen Selbst herum, formen unser Ich, unser Selbst und arbeiten an unserer Identität. Jede Erfahrung bringt uns weiter und macht uns innerlich weiser. Meistens ist dies der Fall und nur Hartnäckige ignorieren Erfahrungen oder können diese nicht umsetzen.

Jeder hat so seine Strategien, um vorwärts zu kommen. Jeder versucht, sein Menschsein, sein Schicksal zu verbessern und zu verändern. Wir planen manchmal regelrechte Aufstände gegen unser Dasein, nehmen etwas nicht hin, wie es ist, wollen Veränderung, Verbesserung, Erleichterung.

Jede Scheidung von unserem Ehepartner oder unserer Ehepartnerin verändert unser Schicksal, jede zerbrochene Freundschaft zeitigt Erfahrungen und vertieft unsere Kenntnisse. Jede Entscheidung führt uns in neue Dimensionen. Wir prüfen unsere Partne, bevor wir es zulassen, mit ihnen unser Leben in einer Gemeinsamkeit zu verbringen. Manchmal wählen wir die falschen Partner und müssen das einsehen. Dann bleibt uns die Korrektur, können es jedoch auch sein lassen.

Jeder Mensch verfügt über ein reichhaltiges Instrumentarium, um sein Schicksal selber in die Hände zu nehmen. Manchen Menschen ist dies jedoch nicht bewusst. Daher sollten wir uns getrost einmal Zeit zur Introspektion nehmen und uns fragen, welche Instrumentarien wir eigentlich selbst anwenden, um unser Leben zu gestalten, ihm einen Sinn zu geben.

> **Schicksalsinstrumentarien:**
> Welche Instrumente wenden Sie in Ihrem Leben an: Wissen, Erfahrung, Taktik, Erkenntnis, Routine, Weitblick, Kompetenzen, usw.?

Einige Instrumentarien beschreibe ich in Kapitel 4. Alle darin angeführten Interventionsstrategien haben, ohne dem immer klar zu sein, etwas mit unserem eigenen Schicksal zu tun.

Diese Interventionsstrategien sind wie Instrumentarien, die bei gegebenem Anlass zum Einsatz kommen könnten. Als Beispiel bei Krebs: die Psychoonkologie.

Welche Massnahmen nehmen wir wahr, wenn uns das Schicksal „Krebs" mit voller Härte schlägt?

Vor allem, wie gehen wir mit den **Folgen** des Schicksals um? Die Folgen des Schicksals gehören unzertrennbar zum Schicksal selbst, das uns erreicht hat. Jedes einzelne Schicksal hat bestimmte Auswirkungen.

Mit diesen wollen wir uns näher beschäftigen.

Doch vorher einige Begriffe, die mir notwendig scheinen, sie darzulegen: (Begriffe werden nachstehend erläutert)

- Selbstwirksamkeit
- Empowerment
- Resilienz
- Salutogenese
- Pathogenese

Selbstwirksamkeit

Der Begriff „Selbstwirksamkeit" bezeichnet die Erwartung einer Person, aufgrund seiner eigenen Kompetenzen, gewünschte Handlungen erfolgreich *selbst* planen und ausführen zu können. Es handelt sich also um die eigenen Kompetenzen, mit Schwierigkeiten und Barrieren im täglichen Leben zurecht zu kommen.

‚Selbstwirksame' Menschen glauben daran, als eigenständige Persönlichkeiten selbst etwas in ihrem Leben bewirken zu können. Die Erwartung geht sogar so weit, dass solche Menschen auch in schwierigsten Situationen stets und immer noch selbstständig handeln können.

Selbstwirksame glauben an die Annahme, dass sie durch eigene Kräfte und nicht durch okkulte, fremde Kräfte und eigenem Vermögen, gezielt Einfluss auf ihre eigenen Belange, auf die Dinge und die Welt nehmen können. Sie nehmen ihr Schicksal in die Hand und sind der Überzeugung, dass sie vieles selbst steuern können und wehren sich gegen die Annahme,

- dass äussere Umstände,
- andere Menschen,
- okkulte, esoterische Praktiken,
- der reine Zufall,
- das pure Glück,
- oder andere unkontrollierbare Faktoren

allein, oder im Verbund mit anderen, unveränderbare Gründe für ihr jetziges oder künftiges Schicksal seien.

Wenn Menschen sich in eine Art von gläubiger Abhängigkeit in die Hand von Pendlern, Kartenlegern und Geistheilern begeben, handeln sie gegen die Möglichkeit einer Selbstwirksamkeit, auch wenn behauptet wird, man stärke durch Pendeln, Kartenlegen und durch die Geistheiler ihre Selbstheilungskräfte. Selbstwirksame Menschen benötigen keinen esoterischen Aberglauben: Sie glauben an sich selbst und an ihre Fähigkeiten und Kompetenzen. Oder sie glauben wenigstens daran, dass sie sich solche Fähigkeiten und Kompetenzen selbst aneignen und sogar ausbauen können.

Menschen mit starkem Glauben an die eigenen Kompetenzen zeigen eine grössere Ausdauer bei der Bewältigung ihres Lebens als andere Menschen. Sie weisen weniger Angststörungen auf, erkranken weniger oft an Depressionen und weisen grössere Erfolge im Beruf oder in Beziehungen auf. Erfolge wiederum stärken den Glauben an die eigenen Fähigkeiten, Misserfolge führen zu Zweifeln an den eigenen Kompetenzen.

Selbstwirksame Menschen sind der Überzeugung, dass es sich auf jeden Fall lohnt, *eigene Handlungskompetenzen* zu entwickeln, *Selbstverantwortung für eigenes Tun und Lassen* zu übernehmen und eine *eigene, unabhängige Meinung zu entwickeln*. Auch im Wissen, dass ein solcher Weg, ein solches Unterfangen ihnen Kräfte und Mühen abnötigt, sie einen grossen und lange anhaltenden Aufwand kosten wird und das Ziel, die absolute und vollkommene Selbstwirksamkeit und Vollkommenheit nie vollumfänglich erreicht werden kann.

An Selbstwirksamkeit glaubende Menschen lehnen in erwachsener Selbstwirksamkeit übersinnliche Horoskope und kuriose Esopraktiken als infantiler Beeinflussungsunsinn und als esoterische Gängelung ab und appellieren an die Vernunft der Aufklärung und des überprüfbaren Wissens. Den Gang in den esoterischen Glauben und Aberglauben lehnen Selbstwirksame als freie Willensmenschen ab. Sie unterstützen monetär keine geschäftstüchtigen, fremdwirksam einflussnehmende Geistheiler oder andere esoterische Therapeuten, denn sie verzichten auf den Einfluss von Drittpersonen und Fremdwirksamkeit.

Solche, von der Selbstwirksamkeit überzeugte Menschen sind jedoch berechtigt und in der Freiheit der Wahl, sich in religiöser Gesinnung einem religiösem Glauben in einer **_kritischen Haltung_** prüfend hinzugeben und diese Religion gemäss ihren religiösen Riten und Glaubensinhalten auszuüben und in der Gemeinschaft von gleichgesinnten Menschen selbstwirksam zu leben.

Sie lassen innerhalb ihres Glaubens eigene Handlungskompetenzen zu, übernehmen Selbstverantwortung für ihren religiösen wie auch säkularen Lebensvollzug und entwickeln eine eigene, unabhängige Meinung zu Fragen der Religion und des Glaubens.

Sich der Selbstwirksamkeit verpflichtete Menschen tragen dazu bei, Religionen weiter zu entwickeln, Glaubensinhalte und Auslegungen in Frage zu stellen und durch andere und bessere, sowie zeitgemässere zu ersetzen. Die Gottesgläubigkeit soll die Menschen in ihrer Entwicklung zur Menschwerdung weiter bringen und nicht hemmen und vor allem zu ethischem Verhalten führen, das allen Lebewesen und Naturgesetzmässigkeiten dient, sie beinhaltet und schützt.

Selbstwirksame Menschen anerkennen und verfolgen das Ziel, alle Religionen dieser Welt ohne Blutvergiessen oder Diskriminierung in sich zu vereinen (Vereinheitlichung allen Glaubens).

Solche Menschen lehnen den Atheismus grundsätzlich nicht ab und bekämpfen ihn auch nicht, insbesondere nicht durch Diskriminierung und Verbot. Sondern anerkennen Atheismus als (Gott nicht enthaltenden) möglichen Glaubensweg und als Korrektiv zu substanz- und seelenloser Gläubigkeit.

Sie glauben an die Selbstwirksamkeit von atheistisch orientierten Menschen genauso, wie auch an gottesgläubige Menschen. Da Atheismus keine doktrin-religiöse Glaubensrichtung ist, muss und soll er auch nicht missionieren. Aber er darf sich mitteilen und Argumente erläutern können.

Selbstwirksame tragen zu diesem, unseren Planeten grosse Sorge und schützen unsere Lebensressourcen und Lebensgrundlagen.

Sie versuchen mittels dem Glauben zu nachprüfbarem, wiederholbarem und erwiesenem Wissen zu gelangen! Und anerkennen, dass der menschliche Glaube als eine Vorstufe des Wissens zu solchem führen kann.

Sie glauben an die Selbstwirksamkeit von Menschen, an deren eigenen Stärken und Schwächen und auch an die Möglichkeit, als Persönlichkeit zu wachsen und im Leben möglichst selbstständig zu werden und zu bleiben. Selbstwirksame Menschen gestalten ihre Beziehungen zu anderen Menschen freundschaftlich und wohlwollend.

Selbstwirksame helfen daher uneigennützig auch anderen Menschen auf ihrem Weg zur Selbstwirksamkeit und Eigenständigkeit. Sie unterstützen und ermutigen sich gegenseitig.

Selbstwirksame fördern den Sinn des Lebens, die Frage nach dem richtigen Leben, die Frage nach dem Schutz unseres Planeten, die Suche nach der Wahrheit und die Suche nach Glück.

Selbstwirksame Menschen erkennen magisches Denken und ersetzen es bestmöglich durch selbstwirksames Denken.

Auch im nächsten Kapitel geht es in meinen Ausführungen darum, wie Menschen sich ihr Schicksal selber zu zimmern versuchen. Es ist eine Art von Auflehnung, von Trotz und Beeinflussung.

Selbstwirksamkeit:

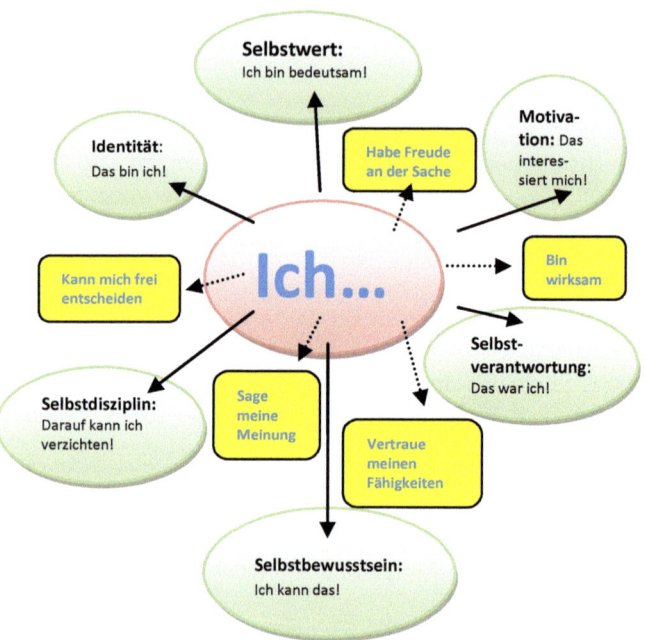

Empowerment
(aus: https://de.wikipedia.org/wiki/Empowerment)

Der Begriff stammte ursprünglich aus der Bürgerrechtsbewegung der USA. Schnell fasste er Fuss in der sozialen Arbeit und überhaupt im Arbeitsbereich. Dann tauchte er auch auf im Gesundheitsbereich, in der Pädagogik und Behindertenarbeit und schliesslich auch in der Psychiatrie und Psychotherapie.

Empowerment weist eine grosse Nähe zur Selbstwirksamkeit auf, ist jedoch mehr als das. Es ist ein eigentliches Konzept. In ihm wird die Stärkung von Menschen gefördert und weiter entwickelt: Ressourcen und Kompetenzen.

Empowerment meint auch Selbstbemächtigung, Selbstbefähigung, Stärkung von Eigenmacht und Autonomie. Im Konzept werden Menschen ermutigt, ihre eigenen Stärken und somit auch ihre eigenen Schwächen zu entdecken. Dies soll sie befähigen, mehr Selbstbestimmung und mehr Lebensautonomie für sich zu erhalten.

Die Praxis hat das Ziel, die oft vorhandenen, aber sozusagen in sich verschütteten Fähigkeiten der Betroffenen zu kräftigen und Ressourcen freizusetzen, die man in sich bislang noch gar nicht entdeckt hatte. Somit kann mit ihrer Hilfe der eigene Lebensweg gefunden und gegangen werden. Das Leben kann selbst gestaltet werden. Es bestimmt sich selbst.

Selbstverständlich findet man Empowerment nicht unbedingt in esoterischen Zirkeln. Dort ist dieser Begriff nicht gerade erwünscht, geht es doch darum, via **Übersinnlichem** zu Kräften, zu Glück und zu Reichtum zu gelangen. Selbstbefähigung sich esoterisch zu Wünschen, indem unbekannte Energien aus dem Universum „umgeleitet" werden, ist in sich ein Hohn. Jeder Heiler würde dabei bald brotlos, wenn er sein Klientel wirklich „gesund" in allen Belangen heilen könnte. Denn dann würden diese „Kranken" die Praxen der Heiler meiden und lachend einen grossen Bogen um sie machen.

Innerhalb politischer Bildung und demokratischer Erziehung wird Empowerment als geeignetes Instrument betrachtet, die Mündigkeit des Bürgers zu erhöhen.

Im Bereich der Arbeit soll es die Menschen befähigen, die ihnen zugewiesene Arbeit selbstständig und kompetent ausführen zu können. Dies setzt unter anderem Bildung voraus, die sich in Kenntnissen und Fertigkeiten von der beruflichen Materie zeigt. Empowerment kann sogar Anstoss zur Organisationsentwicklung sein. Stichworte sind hier: Verbesserung der Arbeitskultur, flachere Hierarchien, vermehrte Partizipation an Entscheidungen, Öffnung von Gestaltungsräumen, eine verbesserte positive, anerkennende Teamkultur, die Befähigung zur Selbstevaluation, vermehrte Übernahme von Verantwortung (auch für Ergebnisse), mehr Selbstbestimmung und ständiges Weiterlernen.

Im Gesundheitsbereich kann sich Empowerment zeigen, indem über Krankheiten oder Behinderungen und deren Umgang gesprochen wird, die Lösungen oder Verhaltensweisen öffnet, die Arbeit trotz der vorhandenen seelischen oder körperlichen Störung/Behinderung, also trotz des spezifischen Krankheitsbildes möglichst gut zu erledigen. Dies kann auch in einer Verbesserung sowie Stärkung des Selbstvertrauens, in einer Erhöhung des Motivationsgrades oder auch in einer Verbesserung der Leistungsbereitschaft bewirkt werden.

Es kann helfen, seine spezifischen Defizite zu ergründen, wie etwa das Niveau der Fähigkeiten und Fertigkeiten, diese durch Weiterbildungsmassnahmen oder durch psychotherapeutische Unterstützung auszugleichen und diese Defizite zu beseitigen.

Abschliessend soll darauf hingewiesen werden, wie sehr das Konzept des Empowerment sich um das individuelle Schicksal eines Menschen dreht. Wenn wir unser Schicksal begreifen, etwas dagegen unternehmen zu können, dann spüren wir gerade am Konzept des Empowerment, dass es uns Menschen in die Wiege gelegt worden ist, unsere Geschicke mit zu bestimmen.

- Erhöhung der Kompetenz- und Lebensgestaltungsfähigkeit
- Abkehr vom Defizitblickwinkel
- Widerstand gegen die erlernte Hilflosigkeit
- subjektiven Gefühls von Kontrolle über das eigene Leben
- Ressourcenaktivierung
- Selbstbemächtigung
- Selbstbefähigung
- Stärkung von Eigenmacht und Autonomie
- Entdeckung eigener Stärken und Schwächen
- Erhöhung der Mündigkeit von uns als Bürger
- Verbesserung von Kenntnissen und Fertigkeiten im Beruf
- Stärkung des Selbstvertrauens
- Erhöhung des Motivationsgrades
- Verbesserung der Leistungsbereitschaft

Was sind wir noch immer nicht überzeugt, dass wir unser Schicksal irgendwie doch in die eigenen Hände nehmen können?

Was für Überzeugungsarbeit muss hier noch geleistet werden, dass wir wenigstens jetzt, von mir aus noch sehr zaghaft, endlich zu glauben beginnen, dass das Schicksal von uns Menschen nicht nur in den Sternen steht, sondern dass wir befähigt sind, wenigstens ein ganz klein wenig daran zu rütteln?

Das Leben jedes Menschen ist ein Weg zu sich selber hin, der Versuch eines Weges, die Andeutung eines Pfades. Kein Mensch ist jemals ganz und gar er selbst gewesen; jeder strebt dennoch, es zu werden, einer dumpf, einer lichter, jeder wie er kann. Jeder trägt Reste von seiner Geburt, Schleim und Eischalen einer Urwelt, bis zum Ende mit sich hin. Mancher wird niemals Mensch, bleibt Frosch, bleibt Eidechse, bleibt Ameise. Mancher ist oben Mensch und unten Fisch. Aber jeder ist ein Wurf der Natur nach dem Menschen hin. Uns allen sind die Herkünfte gemeinsam, die Mütter, wir alle kommen aus demselben Schlunde; aber jeder strebt, ein Versuch und Wurf aus den Tiefen, seinem eigenen Ziele zu. Wir können einander verstehen, aber deuten kann jeder nur sich selbst.

Hermann Hesse, Demian, 1919

Resilienz

Der Begriff bezeichnet die Fähigkeit, Lebenskrisen zu bewältigen. Es wird versucht, auf persönliche und soziale Ressourcen zurück zu greifen und diese für die erhoffte Genesung zu nutzen. Der Begriff Resilienz ist übersetzbar mit dem Begriff *psychische Widerstandsfähigkeit*. Ihr Gegenteil ist die Vulnerabilität (‚seelische' Verwundbarkeit).

> **Resilienz:**
> Lat. resilire: ‚zurückspringen' oder ‚abprallen'

Menschen erleiden in ihrem Leben oft Schicksalsschläge, seien dies Todesfälle in der Familie, ein Unfall, berufliche wie private Misserfolge, Kündigung, Scheidung, aber auch Krankheiten oder sonstige Unglücksfälle.

Das Leben ist voller Stressoren, schnell fällt man aus der Balance, gelangt an seine psychischen und auch physischen Grenzen.

Nun ist es nicht etwa so, dass Resilienz sich quasi wie ein Schutzfilm um unser Schicksal legt und den Schicksalsschlag irgendwie zu verhindern vermag. Resilienz schützt uns nicht vor Schicksalsschlägen! Dies kann eher das Glück. Aber Resilienz kommt dann zum Einsatz und zum Tragen, wenn uns einmal ein Schicksalsschlag erreicht, etwa ein Unfall unser Körper verletzt hat oder eine Scheidung unsere Seele leiden lässt. Dann erst kommt die in jedem Menschen vorhandene Resilienz (Widerstandskraft) zum Einsatz.

Sie ist entscheidend, wie wir die erlittene Unbill, die Verletzung, den Schicksalsschlag be- und verarbeiten. Resilienz hat also in erster Linie etwas *mit den Folgen* des Schicksalsschlages zu tun. Wie gehen wir mit diesen Folgen um? Welche Selbstheilungskräfte können mobilisiert werden?

Dann kommt es auf die in uns innen wirkenden resilienten Faktoren an:
- wie gut, tragfähig, eng, vertrauensvoll, stabil, etc. sind unsere sozialen Beziehungen?
- Wie stark wirkt die Unterstützung durch Freunde, Verwandte etc.?
- Welche sozialen Kompetenzen weisen wir vor?
- Suchen wir aktiv um Hilfe?
- Wie offen sind wir als Mensch innerhalb von Beziehungen?
- Verfügen wir über einen guten und stabilen Selbstwert? (Selbstwertgefühl)
- Tragen wir in uns ein positives Selbstwertbild?
- Welches Mass an Vertrauen empfinden wir in uns selbst, in unsere eigenen Stärken und Fähigkeiten?
- Wie hoch ist die eigene Erwartung an unsere Selbstwirksamkeit?
- Wie realistisch gehen wir mit den Begebenheiten um, die unseren Schicksalsschlag begleiten?
- Wie stark ist unsere Problemlösungsfähigkeit?
- Wie gehen wir um mit unseren, das Schicksal begleitenden Gefühlen? Vor allem, wie begegnen wir negativen, düsteren Emotionen?
- Wie begegnen wir reaktiven depressiven Phasen? Wie managen wir unsere Niedergeschlagenheit?
- Wie arrangieren wir uns gegenüber erlittenen Funktionseinbussen? (körperliche Versehrtheiten)
- Erkennen wir noch Sinn im Leben, trotz den uns einengenden Folgen des erlebten Schicksalsschlages?
- Wie bewältigen wir den erlebten Stress?
- Wie bewältigen wir stressvolle, negative Ereignisse mithilfe von positiven Gefühlen?

Innerhalb dieser und vieler weiterer Fragen setzt unser Resilienzvermögen ein. Stärker wirkend und eingreifend, oder doch schwächer?

Man kann allgemein sagen ‚dass Resilienz die häufigste Reaktion auf ein traumatisches Erlebnis ist. Sie setzt im Grunde genommen bei jedem Schicksalsschlag unweigerlich ein, ist also immer in irgendeiner Form und in einem bestimmten Ausmass vorhanden. Dabei müssen wir jedoch aufpassen, dass wir eine niedrige Resilienz nicht als pathologisch betrachten.

Resilienz hat wohl zwei Entstehungsursachen: Sie ist einerseits ein Produkt unserer Gene, aber andererseits auch ein Produkt unserer erlebten Sozialisation. Die Frage ist, wie wir Resilienz in einem sozialen Kontext erlernt haben und erlernen können.

Mit der Resilienz verwandt sind folgende Begriffe, die es sich lohnt, zu vertiefen:

- **Salutogenese** (Entstehung von Gesundheit)
- **Hardiness** (Widerstandsfähigkeit)
- **Coping** (Bewältigungsstrategie)
- **Autopoiesis** (Selbsterhaltung)

Auf die Salutogenese gehe ich noch näher ein. Die anderen Begriffe werden nicht weiter oder nur kurz erläutert.

Mit der Resilienz ist es so eine Sache. Es gibt Menschen, die in schrecklichen Verhältnissen (Familie, Umfeld, Ernährung etc.) aufgewachsen sind und eigentlich daran hätten zerbrechen müssen. Viele zerbrachen auch daran, etwa weil sie in ihrer Kindheit seelisch schwer misshandelt und vernachlässigt wurden. Andere jedoch, unter gleichen oder ähnlichen Umständen sind daran nicht zerbrochen, haben ihre psychische und physische Gesundheit nicht verloren, sondern sind, im Gegenteil, sogar daran erstarkt.

Woher kommt das? Warum zerbrechen die einen und weshalb die anderen nicht? Warum sind einige resilienter gegen die Unbill des Lebens? Liegt es nur an den doch etwas ungleichen Lebensbedingungen? Oder an einigen wenigen Schlüsselereignissen? Verfügt der Mensch über seelische Bereiche, die man heranziehen und positiv für die eigene Gesundung einsetzen kann?

Man hat die Feststellung gemacht, dass psychische Widerstandsfähigkeit nicht nur in Extremsituationen von Vorteil ist, sondern ganz allgemein immer von Vorteil. Auch im Erwachsenenalter macht sich die Resilienz bemerkbar, indem etwa Menschen in sehr schwierigen Arbeitssituationen, in Lebenskrisen, bei einer schweren Erkrankung, beim Verlust (Tod, Scheidung etc.) geliebter Menschen, bei Arbeitslosigkeit oder sonstigen Schicksalsschlägen gesund bleiben oder wenigstens nur kurzzeitig eine Beeinträchtigung ihres seelischen und physischen Gesundheitszustandes erfahren.

Sie werden weder durch erfahrene, eigens erlebte Armut kriminell, noch werden sie in einem sie umgebenden Milieu von Drogen und Gewalt selber drogensüchtig oder zu Verbrechern. Die negativen, brutal einwirkenden, schlechten Erfahrungen auf ihr Leben zeigen nicht die Frucht der Nachahmung oder die Reaktion zur Vergeltung von Bösem durch Böses. Sie bleiben wie immun gegen die Pein des Lebens und zeigen sich resilient.

Resiliente Menschen haben begriffen, dass sie selbst es sind, die ***über ihr eigenes Schicksal bestimmen***. Hier sind wir schon wieder mitten im Thema unseres Buches. Sie vertrauen nicht auf Glück oder Zufall, lassen sich nicht esoterisch beraten, sondern nehmen die Belange ihres Lebens selber in die Hand.

Sie ergreifen Möglichkeiten, wenn sie sich bieten und sie haben ein realistisches Bild von ihren Fähigkeiten.

Andere Menschen zeigen sich nicht resilient. Sie werden traurig, abhängig, haben das Gefühl, das Schicksal meine es nicht gut mit ihnen, lassen sich von fremden Menschen beeinflussen und sind nicht in der Lage, ihre eigenen Geschicke zu managen. Ihre ***Fähigkeiten und Ressourcen*** sind ihnen unbekannt und sie machen sich schon gar nicht auf die Suche nach ihnen. Sie ergeben sich kampf- und willenlos ihrem Schicksal, glauben an schlechtes Karma oder dass sie an ihrer Krankheit auch noch selber Schuld tragen. (Was zu einem Teil ja wirklich stimmig sein mag. Nehmen wir nur als Beispiel das übermässige alkoholische Saufen. Wie soll da eine Leber gesund bleiben!)

In der heutigen Welt gibt es Kriege, in denen Menschen den Tod von anderen Menschen hautnah erleben müssen oder die schwer verletzt werden, körperlich wie psychisch, die gefoltert, vergewaltigt, sexuell missbraucht und gedemütigt werden. Viele zerbrechen daran und wählen den Freitod! Andere überwinden diese Erfahrungen, begeben sich in Spitäler und Behandlungszentren, werden gesund oder wenigstens einigermassen wieder hergestellt. Anstatt daran zu zerbrechen, machen sie sich auf, um anderen Menschen zu helfen und um jene zu unterstützen, denen dasselbe widerfuhr.

Sie zeigen sich als anpassungsfähig, belastbar, aufmerksam, intelligent und neugierig. Und obschon vermutlich die meisten anderen Menschen ihr Vertrauen zu sich selbst verloren haben, strotzen sie nun vor Selbstvertrauen.

Kann ein Mensch einen anderen Menschen zu mehr Selbstvertrauen befähigen? Ist es möglich, dass man Selbstvertrauen stärken kann? Und wie? Kann man es sich selbst erhöhen oder können dies nur andere Menschen tun?

Wenn Vulnerabilität (Verletzlichkeit) durch äussere Einflüsse möglich ist, kann dann Resilienz nicht auch durch äussere Einflüsse gesteigert und erzeugt werden? Es gibt hier vielleicht eine Art von ausgleichender Homöostase (Gleichgewicht).

Vielleicht bleiben Menschen ein Leben lang vulnerabel. Aber sie selbst oder professionelle Helfer können ihre Verletzung wieder einigermassen korrigieren! Vulnerabilität ist nicht nur eine negative Eigenschaft, sondern allenfalls auch eine positive Ressource! **Vulnerabilität ist womöglich sogar ein Baustein der Resilienz!** Immerhin schützt uns ein gewisses Mass an Vulnerabilität auch vor Voreiligkeit, Unbesehenheit, Dreistigkeit, Unverfrorenheit, Frechheit und Wagnis!

Eine genaue Kenntnis der eigenen Vulnerabilität, das Wissen, mit der eigenen psychischen Verletzlichkeit umzugehen, das Vermögen ihrer Handhabung, wird zur Ressource und führt dann zur Resilienz. Die Kenntnis seiner Schwächen und das sinnvolle managen derselben, wird zu einer Stärke.

Was sind dies für Potenziale, die Menschen befähigen, ihre Niederlagen, erfahrenes Unglück, Stressoren oder erlebte Schicksalsschläge zu meistern? Ich meine jetzt nicht die wegschauende Unempfindlichkeit, die seelische Verdrängung allein, die ebenfalls einen Teil des resilienten Verhaltens einschliesst. Ich meine auch nicht die Selbstverleugnung traumatischer Ereignisse, die so tut, als wäre das Trauma nie geschehen.

Ich meine eher eine innere Haltung, eine innere Stabilität, allenfalls eine positive Grundhaltung. Welches sind diese Potenziale? Was ist der Hintergrund des Perspektivenwechsels, wenn die Situation, das Trauma neu interpretiert wird, wenn sich der Fokus verlagert auf andere, als nur auf die traumatischen Lebensbereiche, nämlich auf positive und angenehme Seiten des Lebens?

Kann es sein, dass es resilientes Verhalten gibt, welches sich etwa darin zeigt, dass Menschen mit erhöhter Resilienz, sich in besonders schwierigen Lebenssituationen aktiv professionelle Hilfe holen, um baldmöglichst wieder hergestellt zu sein? Und dass Menschen mit einem niedrigeren Resilienzpotenzial nicht von sich aus professionelle Hilfe holen, um ihr Leben wieder in den Griff zu bekommen?

Welche Potenziale könnten das sein? Welche Strategien kennt resilientes Verhalten? Coping-Strategien sind:

Vertrauen:
Ist Resilienz gleichbedeutend mit dem **Vertrauen** in Profihelfer und in eigene Ressourcen? Wie ist das generell mit dem Vertrauen in Menschen, die anderen Menschen Unterstützung und Verständnis entgegenbringen? Ist Misstrauen in Menschen ein Faktor seiner Vulnerabilität?

➲ Der Weg zu mehr Resilienz führt über den Aufbau von Vertrauen zu sich selbst und zu Mitmenschen.

Selbstbewusstsein:
Ist **Selbstbewusstsein** Vertrauen in die eigene Kompetenz, in die eigenen Fähigkeiten, in die eigenen Selbstheilungspotenziale? Hat Selbstbewusstsein hier mit dem aktiven Bearbeiten und Verarbeiten des erlebten Schicksalsschlages zu tun?

➲ Der Aufbau von mehr Resilienz hat mit unserem Selbstbewusstsein zu tun. Werden Sie sich klar über ihre Fähigkeiten und Ihre Kompetenzen. Versuchen Sie diese aktiv zu stärken, indem Sie die Schlüsselstellen in sich suchen, die in der Lage sind, Ihr Selbstvertrauen zu steigern. Beispiel: Weiterbildung,

Verbesserung von Sprache und Ausdruck, „Nein" sagen können, eigene Meinungen entwickeln etc.

Soziales Eingebundensein:
Sozial gut eingebundene und aktive Menschen schöpfen mehr Resilienzkraft aus ihrer sozialen Umgebung. Sie sind sozial aktiv, freudvoll kommunikativ und lösen ihre Probleme gerne in einem sozialen Verbund. Sie meiden den Alleingang bei der Lösung und Verarbeitung ihrer Lebensprobleme und suchen sich Gesprächspartner ihres Vertrauens aus.

➲ Der Aufbau von mehr Resilienz ist unmöglich ohne soziales Eingebundensein. Schöpfen Sie Kraft und Mut aus ihren Beziehungen. Achten Sie aber darauf, dass solche Beziehungen nicht oberflächlich bleiben, sondern suchen Sie aktiv jede mögliche Tiefe.

Kommunikation:
Kommunizieren ist bei vielem der Königsweg, der zu einer Lösung führen kann. Kommunikation ist eine ausgezeichnete Form der Problemformulierung und Problemlösung. Sich mitzuteilen, kann innerlich sehr befreiend sein. Durch die Kommunikation erfahrene Empathie und Solidarität kann Leben retten. Kommunikation ist wie ein geistiges Fortbewegungsmittel, wenn Vereinsamung und seelische Isolierung und Stagnation droht.

➲ Der Aufbau von mehr Resilienz beginnt manchmal ganz lapidar mit Sprechübungen im stillen Kämmerlein. Nehmen Sie auch ein *gutes* Buch in die Hand und lesen Sie.

Coaching:
Die richtige Beratung und Betreuung ist bei Schicksalsereignissen enorm wichtig. Sich Hilfe und Beistand zu organisieren, ist immer als richtig zu betrachten. Eine psychologische oder

seelsorgerische Beratung ist kein Fehler und vor allem kein Eingeständnis von eigener Unfähigkeit.

⮕ Der Aufbau von mehr Resilienz beginnt manchmal in einer Gesprächspsychotherapie. Was haben Sie jetzt dagegen? Sie seien ja nicht krank, meinen Sie. Für eine Psychotherapie müssen Sie ja auch nicht krank sein oder zuerst krank werden. Es gibt schliesslich auch ein gruppentherapeutisches Setting. Psychotherapie ist „Erkenne Dich selbst!"

Stabile Emotionalität:
Resiliente Menschen sind emotional stabiler, als vulnerable. Sie haben keine oder weniger Hemmungen, ihre Gefühle zu analysieren. Überhaupt ist hier die Fähigkeit, sich selber (unbarmherzig) zu analysieren, seine Gefühle einer Analyse zu unterziehen, erhöht. Solche Menschen wissen instinktiv, dass sie ihre aus dem Lot geratene Gefühlswelt in den Griff bekommen müssen. Denn dies betrachten sie als einen ersten und wichtigen Schritt ihrer Genesung (und somit ihrer Resilienz).

⮕ Der Aufbau von mehr Resilienz beginnt mit einer Analyse Ihrer Emotionalität. Wenn Sie sich beispielsweise eingestehen müssen, dass Sie jähzornig werden können oder manchmal etwas zu nahe am Wasser gebaut sind, ist das schon ein Vorteil für Sie. Denn das Wissen um seine Emotionalität ist ein erster Schritt zur Resilienz.

Optimistische Sichtweise:
Resiliente Menschen sehen ihren Lebensvollzug, sowohl was ihre Vergangenheit, als auch ihre Zukunft betrifft, optimistischer. Sie sind weniger negativistisch. Sie meiden negative Verallgemeinerungen, formulieren Möglichkeiten für Auswege. Ihr Optimismus kommt nebst den gemachten Erfahrungen oft auch aus einem tieferen Glauben. Magisches Denken ist vielfach passiv, während eine optimistische Sichtweise ein aktives Verhalten bedingt.

➲ Der Aufbau von mehr Resilienz beginnt mit der Auseinandersetzung mit Ihrem Optimismus/Pessimismus. Pessimismus sollten Sie nur so viel zulassen, als dass diese Haltung Sie mitunter vor Dummheit oder einer Gefährdung Ihrer Gesundheit schützt. Dies ist jedoch eher weniger der Fall. Klüger handeln Sie, wenn Sie eine optimistische Haltung an sich schulen.

Impulskontrolle:
Resiliente Menschen kontrollieren ihre Handlungen sorgfältiger als impulsive Menschen. Diese Impulskontrolle zeigt sich in einer vertieften Reflexion, in einer umfassenderen Analyse von Schicksalsereignissen und deren Folgen. Ihre Reaktionen oder Gegenmassnahmen sind überlegter, fundierter und zeigen eher Merkmale einer positiveren Intention (Absicht).

➲ Der Aufbau von mehr Resilienz geht einher mit einem Nachdenken über Ihre Impulsivität. Was stimuliert Sie? Welche Triebkräfte stehen hinter Ihren Impulsen? Wo sollten Sie weniger schnell „hineinschiessen", wo mehr darüber nachdenken, bevor Sie handeln?

Realitätsbezug:
Je niedriger der Realitätsbezug, desto weniger resilient ist der auf das Schicksal reagierende Mensch. Wer die realen Bedingungen akzeptieren kann, ja diese überhaupt zu erkennen in der Lage ist, wer den widrigen Gegebenheiten und den Tatsachen klarer ins Auge blicken kann, wer die Wirklichkeit und die unverrückbaren Fakten unverfälscht anerkennt, der erhält mehr Chancen, eine resiliente Haltung und Antwort auf die Unbill des Lebens zu entwickeln.

➲ Der Aufbau von mehr Resilienz beginnt mit der Anerkennung der Realität. Diese ist zwar manchmal wirklich brutal, doch bleibt wahr, was Wahrheit ist. Fiktion bekommt Ihnen nicht sonderlich gut. Esoterisches Denken und Glauben ist nicht real. Das Akzeptieren der Realität ist eine Grundvoraussetzung auf dem Weg zu mehr Resilienz.

Analytische Fähigkeiten/Introspektion:
Resiliente Menschen suchen aktiv Ursachen ihrer Krisen und können diese klarer, bewusster identifizieren. Sie entwerfen zur Situation adäquate Lösungen oder wenigstens Lösungsansätze. Sie finden Zugang zu sich, ihrem Inneren, zu Emotionen, Kognitionen und verinnerlichten Verhaltensmustern. Sie hören sich Analysen und Anschauungen anderer Menschen an, hinterfragen diese wie die eigenen Lösungsideen und integrieren diese kreativ in ihre eigenen Antwortstrategien.

➲ Der Aufbau von mehr Resilienz benötigt Introspektion. Es gibt zwar Wissenschaftler die sprechen diese als solche ab. Es gäbe keine Möglichkeit zur Introspektion, meinen diese. Dabei tun Sie dies täglich und das ist Ihnen vermutlich nicht einmal bewusst. Aber Introspektion ist möglich, wenn Sie ein DU, eine Person zur Hilfe zulassen.

Humor und Sarkasmus:
Resiliente Menschen verlieren den eigenen Humor nicht. Im Gegenteil: Sie versuchen ihr Schicksal mit Humor zu ertragen, auch wenn sie einen hohen Anteil an Sarkasmus einbeziehen. Sarkasmus kann heilend sein, gerade weil er boshaft, spöttisch, voller Hohn und Ironie und sogar Zynismus ist. Humor und Sarkasmus ist ein guter Arzt.

➲ Der Aufbau von mehr Resilienz geht über den Humor. Machen Sie ruhig einmal einen kleinen Scherz. Seien Sie hin und wieder ausgelassen und übermütig. Gut ist Ihr Humor, wenn auch andere darüber lachen, nicht nur Sie allein.

Geduld, Ausdauer und Hartnäckigkeit:
Schicksalsschläge und deren Folgen zu verarbeiten und zu meistern erfordern Langwierigkeit. Es gibt keine 08/15 Lösun-

gen, die Hopp, so schnell gefunden und wirksam sind. Emotionale Begleitung erfordert Zeit. Sich aufgeben ist ein Widersacher der Resilienz.

➲ Der Aufbau von mehr Resilienz geschieht in ganz kleinen Schrittchen. Dazu benötigen Sie viel Zeit und Ausdauer. Je hartnäckiger Sie anderen Menschen gegenüber erscheinen, desto resilienter sind Sie schon.

Spiritualität und Glaube:
Menschen sind geistesbegabt, will heissen spirituell. Sie sind auf der Suche nach Höherem und nach Sinnhaftigkeit. Als körperliche und geistige Wesen stehen wir immer zwischen Glauben und Wissen. Dort ist unser Bewusstsein beheimatet. Solange wir am Leben sind, sollten wir uns diesem Weg, diesem menschlichen Sein nicht entsagen. Auch wenn wir uns auf diesem Gebiet nicht alleine bewegen können, sollten wir auf der Hut sein, uns in die Abhängigkeit von anderen Menschen zu begeben. Wir sollten uns ein Leben lang spirituell treu sein und uns keine fremden Götzenbilder aufzwingen lassen.

➲ Der Aufbau von mehr Resilienz beginnt mit einer gesunden und massvollen Gläubigkeit. Die Betonung liegt auf „gesund und massvoll"! Gestehen Sie sich Ihren Glauben zu, leben Sie diesen täglich. Bleiben Sie immer kritisch dabei. Auch Atheismus ist eine Form des Glaubens.

Lebensziele setzen:
Setzen sich Menschen Ziele (auch Teilziele), eröffnet sich ein klarerer Weg, den zu gehen das Ziel voraussetzt. Ein Lebensziel ist ein guter Motivator, indem er Vorgaben macht, wohin die Reise gehen soll. Dabei sollte man jedoch realistisch bleiben und sich keine unerreichbaren Ziele setzen. Es gibt Menschen, die gar nicht existieren könnten, wenn sie solche Ziele

für sich nicht formulieren würden. Ein Ziel ist wie ein Lebenselexier: Es lohnt sich endlich zu leben!

➲ Der Aufbau von mehr Resilienz beginnt dann, wenn Sie Ihr Ziel gesetzt und erreicht haben. Je kleiner das Ziel, desto schneller deren Erreichung. Ihre Selbstwirksamkeit erfahren Sie schon, wenn Ihr Ziel noch so klein ist. Beginnen sie mit ganz kleinen Zielen. Steigern können Sie sich immer noch.

Hardiness (Widerstandsfähigkeit)
Hardiness (engl. für ‚Widerstandsfähigkeit') bezeichnet einen Persönlichkeitsfaktor, der Menschen trotz grosser Belastungen und kritischer Lebensereignisse vor Krankheit zu schützen vermag. Dabei steht der individuelle Umgang mit Stressoren im Vordergrund. Der Begriff wurde 1979 von Suzanne C. Kobasa eingeführt.

Komponenten

- *Commitment* (Engagement und Selbstverpflichtung): Damit ist das Bestreben einer Person gemeint, sich selbst mit allem, was sie tut oder was ihr begegnet, zu identifizieren und dafür zu engagieren. Commitment ist das Gegenteil von Passivität und Vermeidungsverhalten und bedeutet Neugier auf das Leben und eine hohe Motivation, etwas zu bewerkstelligen und zu verwirklichen.

- *Control* (Kontrolle): Damit ist das Gegenteil von Hilflosigkeit gemeint. Personen mit hoher Kontrolle glauben, Einfluss auf den Lauf der Ereignisse ihrer Erfahrung nehmen zu können. Sie erleben Ereignisse nicht als etwas Fremdes, Überwältigendes, weil sie sehen, dass ihnen verschiedene Möglichkeiten der Reaktion und Entscheidung zur Verfügung stehen.

- *Challenge* (Herausforderung) meint schliesslich, dass Veränderungen nicht als Bedrohung, sondern als positive Chance wahrgenommen werden. Wandel und Veränderung gehören für solche Menschen zum Leben. Sie sehen darin eher eine Gelegenheit für neue Erfahrungen und Anreiz zu weiterem Wachstum, als eine Bedrohung ihrer Sicherheit und Stabilität. Schwierigkeiten werden dabei als Anlass genommen, daraus zu lernen.

Kritik
Der Begrifflichkeit folgend, bedeutet Hardiness die Eigenschaft einer Person, Stresssituationen sachlich und problemorientiert zu bearbeiten, während Gefühle dabei unbeachtet bleiben. Kritikern zufolge bedeutet dies eine unzureichende Bearbeitung der Gesamtsituation. Zwar könne in der Situation akuten Stresses die Handlungsfreiheit beibehalten werden (vgl. Akute Belastungsreaktion), dennoch enthebe dies nicht von der Notwendigkeit einer Nachbearbeitung bislang unterdrückter Gefühle.

Das zugrunde liegende Konzept ist auch wegen seiner Breite und aufgrund von Schwierigkeiten, die sich bei der Messung ergeben, umstritten.

Es sei auf die konzeptionellen Überschneidungen zu Konstrukten der Resilienz oder des Kohärenzgefühls (sense of coherence, in Bezug auf die Salutogenese) hingewiesen.
(aus https://de.wikipedia.org/wiki/Hardiness)

Coping (Bewältigungsstrategie)
Hierunter versteht man in der Psychologie die Gesamtheit aller Bemühungen und Anstrengungen eines Menschen, der sich in einer schwierigen und ihn belastenden Situation befindet.

Man unterscheidet verschiedene Verfahren und Ansätze des Coping:
- Kognitive Anstrengungen
- Emotionale Anstrengungen
- Behaviourale (verhaltensmässige) Anstrengungen

Das Coping ist also eine Vielzahl von Strategien und Verhaltensweisen, die der Auseinandersetzung und der Bewältigung mit Stressoren und belastenden Ereignissen und Erlebnissen dient. Sie werden oft innerhalb von Psychotherapien oder während Klinik- und Kuraufenthalten vermittelt.

Wichtig dabei ist die Erkenntnis, dass psychologische, menschliche Reaktionen durch die kognitive Bewertung (Selbsteinschätzung) auch eine emotionale Tönung erfährt.

Autopoiesis (Selbsterhaltung)
Bezeichnet den Prozess der Selbsterschaffung und -erhaltung eines Systems. Dieser Begriff wird hier nicht näher erläutert.

Abschliessend seien noch einige Stressoren aufgeführt. Die Liste ist nicht vollständig. Auch wenn hier gleich eine Rangliste des Auftretens verzeichnet ist, sei die Bemerkung erlaubt, dass diese Rangliste ein Kind der Zeit ist und daher je nach Zeitgeist sich verändern kann.

Stressoren sind:

Rang	Ergebnis	Stresswert
1	Tod des Ehepartners	100
2	Scheidung	73
3	Trennung	65
4	Haftstrafe	63
5	Tod eines nahen Familienangehörigen	63
6	Eigene Verletzung oder Krankheit	53
7	Heirat	50
8	Verlust des Arbeitsplatzes	47
9	Aussöhnung mit dem Ehepartner	45
10	Pensionierung	45
11	Änderung des Gesundheitszustandes von Familienangehörigen	44
12	Schwangerschaft	40
13	Sexuelle Schwierigkeiten	39
14	Familienzuwachs	39
15	Veränderung im Beruf	39
16	Einkommensveränderung	38
17	Tod eines nahen Freundes	37
18	Wechsel im Beruf	36
19	Vermehrte Auseinandersetzungen mit dem Partner	35
20	Aufnahme eines hohen Krediets	31
21	Kündigung eines Darlehens	30
22	Veränderung im beruflichen Verantwortungsbereich	29
23	Das Verlassen des Elternhauses von Kindern	29
24	Ärger mit der angeheirateten Verwandtschaft	29
25	Grosser persönlicher Erfolg	28
26	Anfang/Ende der Berufstätigkeit des Partners	26
27	Schulbeginn oder Schulabschluss	26
28	Änderung der Lebensumstände	25
29	Änderung persönlicher Gewohnheiten	24
30	Ärger mit dem Vorgesetzten	23
31	Änderung von Arbeitszeiten / Arbeitsbedingungen	20
32	Umzug	20
33	Schulwechsel	20
34	Änderung der Freizeitaktivitäten	19
35	Verschiedene Veränderungen, Urlaub, Weihnachten	19 - 11

Salutogenese

Die Salutogenese wurde vom israelischen Arzt Dr. Aaron Antonovsky (1923 – 1994) entwickelt, der Menschen begegnete, die den Holocaust überlebten. Er studierte die Lebensgeschichten jüdischer Frauen, die nach der Nazi-Zeit nach Israel auswanderten und dort ein neues Leben aufbauten.

Interessant ist sein Ansatz, der viel mit Begriffen wie Empowerment, Ressourcen, Prävention, Gesundheitsförderung, Stärkung von Identität zu tun hat, von denen wir teilweise ja schon gesprochen haben. Antonovsky fragte sich nämlich nicht nur, wie Krankheit entsteht, sondern ging vor allem der Frage nach, wie Gesundheit entsteht und gefördert werden kann.

Dies sind zwei völlig unterschiedliche Herangehensweisen. Die Frage, die ihn beschäftigte war nicht, wie repariere (therapiere, operiere) ich einen gesundheitlichen Schaden, ein Problem, eine Krankheit, sondern: wie erlange und erhalte ich die Gesundheit.

Er sorgte sich in seinen Studien also nicht um die Krankheit, sondern um die Erlangung und Stabilisierung von Gesundheit, bevor Krankheit sich einnistet und unseren Körper und/oder unsere Seele befällt.

Es ging ihm jedoch um mehr als um Prävention, also um die Frage, wie vermeide ich Krankheiten. Sondern er machte sich Gedanken um die Steigerung und Erhaltung der Gesundheit.

Die Fragen lauteten beispielsweise:
- Wie stärke ich Fähigkeiten und Fertigkeiten
- Wie stärke ich Identität
- Wie stärke ich das Potenzial der Interaktionen
- Wie stärke ich Kommunikation
- Wie verbessere ich Rahmenbedingungen

Mit Gesundheit meinte er nicht bloss die physische Gesundheit, sondern auch die psychische und soziale. Eine Kernaussage der Salutogenese ist der Begriff:
Sense of Coherence, was soviel meint wie Kohärenzgefühl, oder Kohärenzsinn.

> **Kohärenz:** (Psychologie), die Nachvollziehbarkeit des formalen Denkablaufs.

Der Begriff ist wichtig in der Klinischen Psychologie und Psychiatrie und gehört zur Beurteilung der formalen Denkabläufe von Patienten (formal: der Form nach). Gemeint ist, dass der Gedankengang in sich logisch, zusammenhängend und nachvollziehbar ist. Man könnte auch sagen:

- verstehbar (verstehe ich die Umwelt?) Kognition
- handhabbar (kann ich Anforderungen bewältigen?) Emotion
- sinnhaft (hat das, was um mich herum vorgeht, einen Sinn?)

Nach Antonovsky's Meinung ist Gesundheit kein dauerhafter Zustand, sondern muss in einem Prozess immer wieder neu erreicht werden.

Wie könnte so ein salutogenetischer Prozess denn aussehen? Was müssten wir Menschen tun, um unserer Gesundheit möglichst nahe zu kommen, sie zu stabilisieren und zu fördern?

Dazu eine kleine Übung:
Denken Sie für etwa fünf Minuten darüber nach, wie Sie möglichst effizient und eindeutig ihrer Gesundheit einen Dienst erweisen könnten. Dazu eignen sich Reflexionen über Ihren Privatbereich wie auch über Ihren Berufsbereich:

Stichworte

Privatbereich:	*Berufsbereich*:

Auf der folgenden Seite gebe ich Ihnen einige Beispiele sowie Denkanstösse aus jedem der beiden Bereiche. Zu überdenkende Gesundheitsfaktoren sind:

Privatbereich:	Berufsbereich:
Rauchverhalten	Teamarbeit (Qualität)
Alkoholkonsum	Fehlerkultur (Arbeitsklima)
Drogen, Medikamentenabhängigkeit	Raumklima (Licht, Luft, Lärm)
Übergewicht, Untergewicht	Team (-fähigkeit)
Beziehungsprobleme	Stress
Ehe (Qualität, Probleme)	Vorgesetzte (-nverhalten)
Erholung und Freizeit	Arbeitspausen
Schlafqualität	Körper-, Geistesbelastung
Bewegungsmangel	etc.

Was könnte Ihrer Gesundheit einen Dienst erweisen? Wo liegt Potenzial drin? Was könnten Sie noch heute tun, um Ihrer Gesundheit dienlich zu sein? Was würde Ihr persönliches Wohlbefinden steigern? Womit erhöhen Sie Ihre Sicherheit? Womit oder wodurch wäre mehr Lust und Lebensqualität zu schaffen? Wie könnten sie sowohl mehr Freude als auch Lebenssinn erfüllen?

Erhalten Sie genug Wertschätzung und Aufmerksamkeit? Erhalten Sie jene Unterstützung, die Sie benötigen? Erhalten Sie genug Raum für Eigenaktivitäten? Erhalten Sie genügend motivierende Unterstützung für Ihre Tätigkeiten im Beruf oder Haushalt? Könnten Sie Ihr Potenzial beispielsweise innerhalb Ihrer Kreativität und Eigenständigkeit steigern?

Was trüge noch zur Steigerung Ihres körperlichen und seelischen Wohlbefindens bei? Ein anderes Freizeitverhalten? Mehr sportliche Aktivitäten? Eine Umstellung in der Ernährung? Mehr oder andere Sozialkontakte? Entspannungsübungen? Ein Wohnortwechsel? Ein Arbeitsplatzwechsel? Eine Trennung von schlechten Beziehungen? Ein Arztbesuch? Eine Psychoanalyse? Ein neues Hobby? Eine neue Freundin, ein neuer Freund?

Pathogenese

Nicht gleichbedeutend mit dem Begriff der Ätiologie ist die Pathogenese. Ätiologie ist die Frage nach der Ursache einer Krankheit. Pathogenese fragt nach der Entstehung und Entwicklung einer Krankheit. Der Begriff der Genese kommt aus dem lateinischen und steht schon in der Bibel. Das 1. Buch Mose handelt von der Schöpfungsgeschichte. Die Genesis beschäftigt sich mit dem Werden und der Entstehung der Welt.

> **Ätiologie:**
> Frage nach der Ursache einer Krankheit.

Was passiert in unserem Körper? Es ist hier die Beschreibung der **Entstehung und Entwicklung** einer physischen oder psychischen Erkrankung beziehungsweise die Beschreibung des Verlaufes eines (krankhaften) Prozesses bis zum Eintritt oder zum Ausbruch der Krankheit.

> **Pathogenese:**
> Frage nach der Entstehung und Entwicklung einer Krankheit und des Leidens.

In der Medizin überschneiden sich diese beiden Begriffe oder werden oft synonym zusammen verwendet. Die Ätiologie ist der Ausgangspunkt der auf sie folgenden Pathogenese. Diese beschreibt den gesamten Prozess inkl. zeitlichem Verlauf.

Zur Anschauung eignet sich hier gut folgendes Beispiel einer:

Entzündung:

Infektion mit Bakterien ⇒ Ätiologie

Diese bewirkt eine lokale Entzündungsreaktion, begleitet mit einer Schwellung des Gewebes (♦Tumor, Ödem) mit Rötung (♦Rubor, Color) und ev. Schmerz (♦Dolor) und Überwärmung der Haut (♦Calor) ⇒ Pathogenese

Der Prozess einer Krankheit kann man auch darstellen wie ein Film, der aus einzelnen Szenen bzw. Bildern besteht. Wir wissen immer gerade soviel von dem Film, als wir gerade sehen. Dies ist bei einer Krankheit genau gleich. Jede Krankheit zeigt im Verlauf der Zeit ein spezifisches Bild, welches in Entwicklung ist.

Hier will ich mich nicht näher erläutern. Aber wir sehen deutlich, dass wir Menschen viele Blickwinkel und Perspektiven auf unser Schicksal haben können. Daraus ableiten und entwickeln lassen sich verschiedene Interventionsstrategien.

Da ein Übergang von einem Kapitel in ein nächstes nicht immer klar voneinander getrennt werden kann, weil alles fliessend ist und das Eine das Andere bedingt und hervorbringt, vermag man nicht genau zu definieren, wann ein Aufstand gegen etwas übergeht in eine Intervention. Auch ich gehöre als Mensch dazu und gestehe, dass ich unfähig bin, diesen Übergang, der jetzt kommt und vom **Kapitel: Aufstand gegen das Schicksal** ins nächste **Kapitel: Interventionsstrategien** führt, klar zu begründen. Ich empfinde nur, dass da etwas fliesst und hinüber schwimmt.

> **Alles fliesst:**
> Die Formel Panta rhei (altgriechisch πάντα ῥεῖ „**alles fließt**") ist ein auf den griechischen Philosophen Heraklit zurückgeführter, von Platon (im Dialog „Kratylos") nahegelegter, wörtlich jedoch erstmals bei dem spätantiken Neuplatoniker Simplikios erscheinender Aphorismus zur Kennzeichnung der heraklitischen Lehre. Sie besagt, dass sich im Leben eines Menschen:
>
> „Alles bewegt (sich) und nichts bleibt (wie es ist)."
>
> (aus https://de.wikipedia.org/wiki/Panta_rhei

Im Kapitel, in welchem wir noch sind, habe ich etwas über den Aufstand gegen das Schicksal verfasst, worin Begriffe wie Strategien, Selbstwirksamkeit, Empowerment und Salutogenese erläutert worden sind.

Was soll's! Ist doch eigentlich egal und meinetwegen nicht so wichtig. Vielleicht wird beim aktiven Lesen ja irgendwann klar, dass alles im Leben irgendwie ein Übergang ist.

Aufstand:
Auflehnung, Aufruhr, Empörung, Erhebung, Krawall, Meuterei, Putsch, Rebellion, Revolte, Unruhe

Intervention
Einflussnahme, Einmischung, Klärung, Schlichtung, Vermittlung, Einspruch, Protest und Veto

Strategie
Berechnung, Kalkül, Methode, Taktik, Verfahrensweise, Vorgehen, Manöver und Plan. (Ein Plan des eigenen Vorgehens, der dazu dient, ein Ziel zu erreichen)

Vom Aufstand, über die Intervention, zur Strategie gegen das Schicksal.

Kapitel 4 **Interventionsstrategien**

In unserem letzten Kapitel möchte ich etwas tiefer ins Schicksal eindringen. Ich rede hier bereits nicht mehr nur von Aufstand, sondern möchte dem erlittenen Schicksal mit etwas mehr Strategie begegnen. Anstelle des Aufstandes könnte man von Veränderung sprechen. Aber anfänglich geht es noch um Attribution, Kognition und Schemata, Krise und Krisenintervention, um kritische Lebensereignisse (Life-Event), um Notfallpsychologie und Psychotraumatologie, Psychoonkologie, Thanatologie und Trauer, Schicksal und Sinn. Um dann, als Schlusspunkt, eine Veränderungsmöglichkeit aufzuzeigen, die eigentlich in der Lage ist, das eigene Schicksal anzupacken und unter Umständen wirklich zu verändern: die Psychotherapie und die Psychoanalyse.

Attribution

Theorien dienen dazu, das Verhalten und Erleben von Menschen oder Tieren zu erklären und vorherzusagen. Ebenso bilden Theorien die Grundlage, menschliches Verhalten und Erleben zu beeinflussen. In der Psychologie wird der Begriff Attribution als das Zuschreiben von Ursachen für Handlungen und Verhaltensweisen verstanden. Sie hat dazu eine ganze Theorie entwickelt.

Attribution:
Beifügung, Zuschreibung von Ursachen (Eigenschaften)

> Attributionen
> sind Meinungen oder Überzeugungen, also Zuschreibungen von Ursachen von (psychologischen) Ereignissen und Sachverhalten. Diese sind sehr persönlich und nicht zu verallgemeinern.

Es geht um die Zuschreibung von Eigenschaften und Ursache-Wirkung-Beziehungen gegenüber der Realität durch die handelnde Person. Das erleichtert uns die Orientierung im Alltag. Attributionen ersetzen häufig überprüftes Wissen.

Jeder Mensch attribuiert einen Schicksalsschlag auf seine ihm ganz persönliche Art und Weise. In diesem Kapitel geht es daher darum, sich solcher Attributionen, die wir für Schicksalsschläge einbeziehen, klar zu werden.

Man unterscheidet eine **internale Attribution**... Sie liegt vor, wenn die Person Erfolg, Misserfolg oder die Schuldfrage auf die Bedingungen in ihr selbst, quasi auf die eigenen Fähigkeiten oder Unfähigkeiten zurück führt. Es handelt sich dann um eigenes Versagen oder Verschulden.

... von der **externalen Attribution**. Sie liegt dann vor, wenn die Person Erfolg oder Misserfolg oder die Schuldfrage durch Bedingungen in der Umwelt oder dem Zufall erklärt. Es handelt sich dann um ein Fremdverschulden.

Hier sind wir erneut mit dem Schicksal und seinem engen Partner, dem Zufall verbunden. Wir sehen, dass externale Attribution auf unser Schicksal hindeutet.

Warum habe ich den richtigen Partner noch nicht gefunden? Warum hat sich dieser Unfall ereignet? Warum bin ich in Gesellschaft so scheu? Warum wurde mir diese interessante Stelle nicht angeboten? Warum habe ich bis heute die Dienste von Zukunftssehern noch nicht in Anspruch genommen?

Menschen nehmen das Verhalten von sich und von anderen Menschen wahr und bilden dafür kausale Erklärungen. Warum hat man etwas getan? Was ist verantwortlich für ein Verhalten? Ist es die Situation, die zu diesem Verhalten geführt hat und hat alles eher mit der Veranlagung von uns Menschen zu tun, der ein solches Verhalten zeitigt?

Wo liegt der Schlüssel der Erklärung: im Inneren des Menschen oder im Äusseren? Attributionen sind Zuschreibungen von Eigenschaften. Was gibt es für subjektive Vorstellungen von Ursache-Wirkungs-Zusammenhängen? Warum hat ein Mensch sich so verhalten, wie er sich verhalten hat?

Mit solchen Fragen versuchen wir Menschen unser eigenes Erleben und Verhalten beispielsweise von zwischenmenschlichen Beziehungen zu erklären. Oder das von anderen Menschen. Was hatte man für Motive?

Es ist also das Ziel von Attributionen, die soziale Umgebung, das Verhalten zwischen Menschen **verstehbar, voraussehbar und kontrollierbar** zu machen. Es wird versucht die Zusammenhänge zu verstehen und Ursachen für eingetretene Ergebnisse herauszufiltern.

Die *Attributionstheorien* befassen sich primär mit dem Zustandekommen von Attributionen. Sie versuchen, etwa solche Fragen zu beantworten: Aufgrund welcher Bedingungen, aufgrund welcher Wissensbestände, Informationen, Mechanismen und Prozesse kommen wir dazu, einen psychologischen Sachverhalt einer spezifischen Ursache zuzuschreiben?

Wie attribuieren wir erfahrenes Schicksal? Und warum attribuieren wir es mit diesen Eigenschaften?

Was kennen wir für Ursachenbeschreibungen? Was für Auswirkungen haben diese auf unser tägliches Leben? Was bewirken sie? Wie steuern sie unser Verhalten?

Wichtig ist, dass wir immer öfter **bewusste** Ursachenzuschreibungen vornehmen, denn die unbewussten Zuschreibungen sind uns unklar und entziehen sich unserem Denken. Um zu mehr bewussten Ursachenzuschreibungen zu kommen, müssen wir uns fragen, auf welche Weise wir Urteile über die Ursachen von Ereignissen bilden.

Warum schreiben wir eigenes Fehlverhalten unserem Schicksal zu, welches wir erfahren haben? Oder warum sind wir der Meinung, dass in uns kein Fehlverhalten vorliegt, oder zum Zeitpunkt des Schicksalsschlages vorlag? Attribuieren heisst also, Personen oder Schicksale mit Eigenschaftsbegriffen zu beschreiben und ihnen damit bestimmte Handlungsmotive oder Absichten zuzuschreiben.

Alle Menschen entwickeln im Laufe ihres Lebens naive Theorien, nach denen sie sich erklären, wodurch andere Menschen zu bestimmten Verhaltensweisen oder Handlungen veranlasst wurden.

Warumfrage:	Antwort:	Ursache:
„Warum gehe ich zu einem Wahrsager um mir von diesem meine Zukunft voraussagen zu lassen?"	„Ich möchte mein Schicksal kennen und allenfalls darauf reagieren können. (Um es zu beeinflussen.) Ich möchte in meine Zukunft blicken können."	„Ich tendiere zur Mystik und Magie und glaube an Menschen, die einen direkten Draht zu Übersinnlichem haben. Ich selbst verfüge über keinen solchen Draht."
„Was erwarte ich von der Voraussage des Wahrsagers?"	„Dass sie wahr ist und eintrifft, oder hoffentlich nicht eintrifft. Zudem erwarte ich, dass sie mir wohlgesinnt ist."	„Angst* und Hoffnung* sind bestimmend für meine Gläubigkeit resp. Abergläubigkeit." (* selbstverständlich auch andere Ursachen.)
„Wird diese Voraussage meiner Zukunft für mein weiteres Leben bestimmend sein?"	„Ich nehme die Voraussage meines Wahrsagers ernst und richte mein Leben sofort stark darauf ein."	„Ich glaube fest an die Richtigkeit dieser Voraussage, die mein Leben bestimmen wird. Ich kann mich jetzt auf sie einstellen."
„Wird meine Zukunft wirklich so eintreffen, wie sie mir vorausgesagt worden ist?"	„Ich hoffe ja oder nein, je nachdem, ob sie positiv oder negativ ist. Grundsätzlich glaube ich an meinen Wahrsager, schliesslich habe ich ihn ausgewählt."	„Dieser Wahrsager kennt meine Zukunft und hat sich noch nie geirrt. Er hat Connection zu übersinnlichen Mächten und ist mir eine Hilfe."

Als Beispiel mag uns eine gestörte Partnerschaft dienen. In der Regel besteht hier die Tendenz, dass wir selber unser eigenes Handeln in dieser gestörten Partnerschaft als günstiger und wohlwollender erklären. Wir sind der Meinung, dass es weniger an uns und unserem Verhalten gelegen hat, dass die Partnerschaft heute grosse Störungen zeigt. Das Handeln unseres Partners bezogen auf unsere Partnerschaft jedoch erklären wir als ungünstiger und eher partnerschaftsdestruktiv.

In diesem Beispiel wird klar, auf welche Weise wir das Urteil über die Ursache unserer Partnerschaftsstörung gebildet haben. Wir erklären unseren Partner als Hauptverursacher der Störung oder erklären ihn als partnerschaftsunfähig.

Warum diese Ausführungen zur Attribution? Ganz einfach.

Ich bin der Überzeugung, dass wir unser Leben bewusster in die Hand nehmen, wenn wir uns solche Fragen immer wieder stellen. Wir können damit unser eigenes Erleben und Verhalten wie auch unsere zwischenmenschlichen Beziehungen oder sogar das Erleben und Verhalten anderer Menschen erklären. Das vermittelt uns mehr Sicherheit. Die Suche nach Motiven für unser Tun sehe ich als wichtig an.

Wir können damit das Verhalten zwischen Menschen verstehbarer, voraussehbarer und kontrollierbarer machen. **Das Bewusstwerden von uns selbst verändert auch unser Erleben von Schicksal.** Dies ist für uns jetzt das Entscheidende!

Zugegeben: Es handelt sich hier noch um keine eigentliche Interventionsstrategie, um Schicksal zu verändern. Attribution sehe ich jedoch als eine Art von Vorstufe dazu.

Und schliesslich: Wenn ich Eigenschaften meiner eigenen Person negativ attribuiere (beispielsweise dadurch, dass ich mich wegen meiner Nase oder Kopfform als nicht ‚attraktiv' genug für eine Partnerschaft befinde, oder andere als nicht ‚attraktiv' genug für eine Partnerschaft mit mir empfinde), dann schreibe ich nichts weiter als an meinem eigenen Schicksal herum. Und dies ist ja wohl sehr entscheidend, wenn nicht gar das Entscheidende schlechthin.

Vielleicht hatte mir einmal jemand gesagt, ich hätte keine schöne Nase und habe dies sogleich ohne Vergleich mit anderen Aussagen von Menschen, mit denen ich gerne eine Partnerschaft eingegangen wäre, als Konsens, als hätten dies andere auch so gesehen und beurteilt, in mir abgespeichert.

Oder man sagte mir jedes Mal, wenn ich mich um eine Partnerschaft bemühte, man würde wegen meiner unschönen Nase lieber keine Partnerschaft mit mir eingehen. In anderen Angelegenheiten jedoch lobte man meine Nase und teilte mir mit, wie passend sie zu mir stehen würde.

Ich empfand vielleicht schon im Vorfeld, dass man mir bedeuten würde, keine schöne Nase zu haben, wenn ich mich um eine Partnerschaft bemühte.

Die angeblich fehlende Attraktivität, sei sie bei mir oder bei anderen, verhindert möglicherweise überhaupt eine Beziehung oder wenigstens eine gute Beziehung. Ich verhindere also etwas an mir selbst und beeinflusse damit doch irgendwie auch mein Schicksal. Attributionen sind daher Schicksalsevident! Ja noch viel mehr: Sie sind mein Schicksal!

Was tue ich denn nichts anderes, als genau dieses? Ich bin mir mein eigenes Schicksal, stehe mir selbst im Weg. Diese Empfindung, dieser Gedanke, diese Idee, ich sei nicht attraktiv genug, **IST** Teil meines Schicksals. Ich müsste nur endlich meine eigenen Attributionen überdenken.

Mein mich langjährig begleitender Erklärungsstil meiner eigenen Persönlichkeit führt dazu, dass ich mich einenge, meine

Möglichkeiten nicht ausschöpfe, mir mein eigenes partnerschaftsloses Schicksal zimmere.

Darauf möchte ich ja hinaus: Wir Menschen zimmern uns oft unser eigenes Schicksal durch unsere Attributionen! Wenn wir uns unserer Attributionen bewusst werden, dann drehen wir wenigstens ein kleines Rädchen an unserer Schicksalsmaschinerie.

Wir attribuieren unser erlebtes Schicksal. Aber wie wir das tun, ist die entscheidende Frage. **Verändern wir die Attribution, verändern wir auch das Schicksal.**

Sind uns unsere inneren Attributionen im Zusammenhang mit bereits erlebten Schicksalsschlägen bewusst?

Schicksalsschläge	Attributionen

Kognition und Schemata

Allerdings bin ich nun mit meinen letzten Ausführungen zur Attribution recht nahe an den Begriff der Schemata gekommen, wofür ich mich gleich entschuldige. Ein Schema ist nämlich auch so ein Hilfsmittel von uns Menschen, um Informationen, die wir über unsere Sinnesorgane aufnehmen, eine Bedeutung zukommen zu lassen. Mit Hilfe solcher Schemata können wir uns in vielen Situationen schnell zurechtfinden und uns entsprechend zur Situation sinnvoll verhalten. Bei der Informationsverarbeitung ist dies ein wichtiges Hilfsmittel, weil es alles vereinfacht.

> **Schemata:**
> Informationen eine Bedeutung zuordnen. In der Kindheit gelernte Denk- und Verhaltensmuster.

Bei der Attribution ging es um...das *Zuschreiben von Ursachen für Handlungen und Verhaltensweisen*. Es ging um Meinungen und Überzeugungen über die Ursachen von Ereignissen und Sachverhalten.

Beides kann uns die Orientierung im Alltag erleichtern, so wie auch die Schemata, mit Hilfe derer wir uns in Situationen schneller zurechtfinden können. Wir bilden dabei jedoch keine Vorstellungen zu den Ursachen, sondern zu den Bedeutungen. Bei den Schemata geht es darum, *Informationen eine Bedeutung zuzuordnen*, die wir in unserem Gedächtnis abgespeichert haben.

Diese **Bedeutungszuordnung** ist zwar auch ein kognitiver Prozess, wie die Attribution, also die Zuschreibung, oder **Zuordnung von Ursachen**. Beides hilft uns Menschen, in dieser Welt möglichst gut zurecht zu kommen. Beide Möglichkeiten sind wie kleine Rädchen, an denen wir unser Schicksal ein ganz klein wenig drehen können.

Schemata sind Inhalte unseres Gedächtnisses und werden in die jeweilige Situation hineingebracht. Sie bestimmen das

Wiedererkennen der eingehenden Informationen und deren Bedeutung. Schemata steuern die Wahrnehmung und Informationsverarbeitung von Menschen. Soweit einige Ausführungen zur Differenzierung.

> **Schema, Schemata**
> Es handelt sich um handlungsbestimmte Grundannahmen einer Person über sich selbst und die Welt. Es ist ein Plan, der die Organisation von Wahrnehmung, Denken und Handeln ermöglicht. Ein Schema bildet sich in der Kindheit und Jugend aus und tendiert dazu, sehr lange, manchmal sogar während des ganzen Lebens aufrecht zu bleiben.

Kognition: (Prozess)
Das Wahrnehmen und das Erkennen betreffend

Kognition meint Erkenntnis, Erleuchtung, Erfahrung, Feststellung, Bewusstsein, Gedanke, Urteil. Die Kognitionspsychologie, beschäftigt sich mit allen psychischen Vorgängen und Prozessen, die mit Wahrnehmung, Erkenntnis und Wissen zu tun haben. Mit Kognition ist das Denken in einem umfassenden Sinne gemeint.

Der Mensch verfügt über verschiedene kognitive Fähigkeiten. Diese sind u.a.:

- die Wahrnehmung
- die Aufmerksamkeit
- die Erinnerung
- das Lernen
- das Problemlösen
- die Kreativität
- das Planen
- die Orientierung
- die Imagination
- die Argumentation
- die Introspektion
- der Wille
- der Glaube, das Glauben

Sogar Emotionen haben einen wissenschaftlich erwiesenen kognitiven Anteil.

> **Kognition**
> bezeichnet in der Psychologie alle mentalen Prozesse und Strukturen eines Menschen wie Gedanken, Meinungen, Einstellungen, Wünsche und Absichten.

Kognitionen sind Informationsverarbeitungsprozesse, in denen Neues gelernt und Wissen verarbeitet wird, z. B. in Bezug auf unser Denken und auf unser Problemlösen. Sie beinhalten, was wir über uns selbst, unsere Umwelt, unsere Vergangenheit, Gegenwart und Zukunft denken.

Hier streifen wir bereits unsere **Schicksalskognitionen**, die wir auf diese drei Zeitformen beziehen, vor allem auf unsere Zukunft. (Schicksal liegt in unseren Sternen) Wir projizieren die durch Wahrsager oder Pendler gemachten Aussagen der Gegenwart auf unsere Zukunft und geben ihnen sogar noch Sinn. Dieses Sinngeben ist das eigentlich fatale an der Aussage dieser esoterischen Vorsagern.

Ein berühmter Hirnforscher empfiehlt, dass wir Menschen bestimmte Eigenschaften unseres Gehirnes stärken sollten. Dazu gehört jene Form der Intelligenz, *Sinnhaftes zu erfassen*. Wir sollten *Erfahrungen und Eindrücke nach Relevanz sortieren* lernen und zwischen Wichtigem und sehr Wichtigem intuitiv Ordnungszusammenhänge erkennen. Wenn wir solche Ordnungszusammenhänge erkannt haben, lassen sich solche geordneten Informationen besser im Gedächtnis abspeichern und verarbeiten.

Nun ist es aber leider so, dass wir Zukunftsvoraussagen von selbsternannten Weisen und Magiern nicht in einen schlauen Ordnungszusammenhang stellen können, weil wir diesen Pendlern und Scharlatanen viel zu innig glauben. Kognitiv sind wir ihnen zu hörig! Wir ordnen dabei nichts Sinnhaftes in einen Zusammenhang, sondern glauben ihren Aussagen einfach blind. Wir benehmen uns wie infantile Untertanen, Gutgläubige, begeisterte Bewunderer ihrer oft fatalen und überheblichen Weissagungen.

Dies verhindert jede innere Kritik, erschwert jedes geordnete in einen Zusammenhang und in einen Sinn stellen. Die Beeinflussung durch eine Drittperson hat abhängigen Charakter und verunmöglicht jede Zuordnung zu Sinnhaftem. Unser Schicksal ist besiegelt. Da kann man nichts mehr dagegen tun.

Die hörige Beeinflussbarkeit durch Wahrsager verhindert also jede eigene Kognition. Auch dies ist das wirklich Fatale daran. (Liebe Leser, haben Sie es bemerkt? Das Wort „fatal" kommt von Fatum und meint schicksalsbestimmt!) Die Wahrsagerei beeinflusst die in uns herrschenden Vorstellungen von der Welt.

Diese hörige Beeinflussbarkeit ist also nicht einfach nur fatal, sondern sie bestimmt geradezu auch unser Schicksal. Sie ist und wirkt fatal, als „Fatum" und ist selbst in hohem Masse schicksalsbestimmend, weil wir in dieser idiotischen Kognitionsschlaufe hängen, wenn wir diesen weissagenden Scharlatanen einfach alles blind glauben. Will heissen: Der Wahrsager selbst wird zu unserem Schicksal! Er ist für uns ein Fatum par excellence!

Und wenn ich hier noch auf die Schwächen unserer kognitiven Leistungsfähigkeit verweise, ist der Kessel wirklich geflickt. Denn wir nutzen nicht alle uns zur Verfügung stehenden Informationen, sondern filtern diese massiv (Wahrnehmungsfilter), bevor sie in unser Bewusstsein gelangen. Erinnerungslücken verändern und/oder verhindern unsere kognitiven Fähigkeiten ebenfalls.

Unsere Gläubigkeit und unsere unkritische Hingebung an Wahrsager ist unser eigentliches Schicksal. Nur durch bewusste Steuerung und vor allem durch Bewusstwerdung unserer Kognitionen sind wir in der Lage unser Schicksal mitzugestalten.

Leider ist es jedoch so, dass viele Menschen nie gelernt haben, ihren eigenen Kopf zu gebrauchen. Sie haben nie gelernt, ihr Denken, ihr ‚Kognitieren' einzuschalten und hierbei eigenständig zu werden. Sie geben lieber viel Geld aus für fremde Kognitionen, für Fremdbestimmung schlechthin.

Der Wahrsager impfte uns unter Verwendung raffinierter Sinneseindrücke, via unserer Sinnesorgane ein Schemata ein. Etwa das der unkritischen Gläubigkeit. Ist ein solches einmal in uns drinnen, also in unserem Gedächtnis, wird dieses Schema dann immer in die jeweilige Situation mitgebracht. Sozusagen in die Situation hinein mitgeliefert. Das ergibt ein leichtes Spiel für die Wahrsager und Scharlatane.

Einmal ein solches Schema in uns gesetzt, steuert es unsere Wahrnehmung und Informationsverarbeitung. Leider werden viele Schemata bereits in unserer Kindheit in uns erzeugt und verankert. Eine religiöse Erziehung etwa ist dazu in der Lage. Oder der Hang zu Mystischem oder Übersinnlichem unserer Eltern. Glaubten schon diese an Geister, Dämonen, Engel und magischen Kult, wurden gewichtige Schemata in uns schon in frühester Kindheit und Jugend gesetzt und bleiben mitunter ein Leben lang wirksam.

Sich davon zu lösen wird schwierig. Ohne langjährige psychotherapeutische oder allenfalls auch seelsorgerische Intervention gelingt es kaum noch, sich von diesen Schemata wirkungsvoll zu distanzieren.

Der Gang zu Wahrsagern, Pendlern, Astrologen usw. kann zu psychischen Störungen führen. Das magische Denken ist, meiner Meinung nach, nicht nur eine Bedingung, sondern schon Ausdruck einer solchen psychischen Störung. In der psychologischen Forschung spielen negative kognitive Schemata eine zentrale Rolle bei der Entstehung psychischer Erkrankungen.

Ich hoffe, mit meinen Ausführungen zu Kognitionen und Schemata genügend Anregungen, Belege und Überzeugungsarbeit geliefert zu haben, dass nun in Ihnen, liebe Leserin, lieber Leser, diese Denkanstösse dazu verhelfen oder bereits verholfen haben, sich weitere Gedanken zu diesem Thema zu machen. Es lohnt sich insofern, als ich wirklich der Meinung bin, dass Sie dadurch, wenigstens gedanklich, also kognitiv, sich dem Thema Ihres eigenen Schicksals nähern können.

Vielleicht werden Prozesse in Gang gesetzt, die Sie dem Thema des eigenen Schicksals, Ihrer eigenen Schicksalsgläubigkeit näher bringen und Sie zur Erkenntnis gelangen lassen, dass Schicksal nicht unabänderbar ist, sondern durch unser Denken verändert werden kann.

Auch wenn immer noch keine klare Interventionsstrategie vorliegt, von der ich auch nie behauptet habe, eine solche zu kennen und mitzuteilen zu können, wäre der Zweck dieses Kapitels nur schon dann erfüllt worden, wenn Sie sich als Leserin und Leser einige Gedanken mehr zu Ihrem Schicksal und allenfalls Ihrem unerschütterlichen Glauben, Schicksal sei nicht beeinfluss bar, gemacht haben.

Es scheint mir aber immer eindeutiger, dass unser Schicksal nicht so ganz vollkommen und unabänderlich nur in den Sternen und bei den Wahrsagern liegt.

Wir Menschen sind in der Lage, über unser Schicksal nachzudenken und es gedanklich, wenigsten die Folgen von erlittenen Schicksalsschlägen, zu beeinflussen und allenfalls zu verarbeiten.

Dies ist zwar noch keine eigentliche Interventionsstrategie, bildet dazu jedoch ein kleines Rädchen, an dem zu drehen es sich trotzdem lohnt.

Vielleicht schwant Ihnen jetzt, dass Schicksal doch irgendwie durch menschliches Zutun oder durch menschliche Intervention beeinflusst werden kann?

Wenn wir die Folgen und Auswirkungen des Schicksals auf unseren täglichen Lebensvollzug betrachten, dann behaupte ich jetzt einmal:

Wir können diese verändern! Wir können Folgen und Auswirkungen von Schicksalsschlägen beeinflussen, verändern, anders sehen, formen, lenken, prägen, steuern, katalysieren und modellieren.

Zu diesem Thema empfehle ich die Lektüre eines Lehrbuches über Schematherapie.

Krise und Krisenintervention

Schicksal ist ein Bestandteil des **inneren Lebens** eines Menschen. Es ereignet sich nicht nur irgendwo draussen in der Welt, sondern spielt sich vielmehr in unserem Inneren ab. Hier kommt der psychologische Bezug deutlich zum Ausdruck. In dieser Auffassung über das Schicksal mit seinem eindeutig psychologischen Zusammenhang konzentrieren wir uns auf das **psychische Leben (Erleben)** und auf das **individuelle Empfinden** eines Menschen innerhalb eines Krisengeschehens.

In den weiteren Ausführungen richte ich den Blickwinkel aber zuerst auf das Management von Krisen in Organisationen, Unternehmen, Schulen, Staaten oder Regionen.

Menschen managen in allen Lebensbereichen Krisen. Sei es in der Wirtschaft, in der Politik, im Strassenverkehr, im Bahn- und Flugverkehr, in Schulen, auf der Ebene von Ländern und Kommunen, Bezirken und Gemeinden.

Jedes Atomkraftwerk kennt Krisenszenarien und Krisenmanagemente. Jedes Wasserkraftwerk mit Staudamm verfügt über teils ausführliche *Krisenkonzepte* für jedes mögliche Vorkommnis (Bevölkerungsschutz, Evakuation etc.).

Spitäler, Heime, Schulen, Feuerwehren und Polizeiorgane verfügen über ganze Ordner voller Ablaufschemen, Rettungspläne, Krisenstäbe und Alarmkonzepte. Selbstverständlich sind diese sehr wichtig und können unter Umständen Leben retten.

Ein Krisenkonzept kann in seinem Grundraster in etwa so aussehen:

Krisenkonzept

- Ausgangslage
- Definition von Krisen
- Grundlegendes zur Organisation in einer Krise
    - Handlungsbereiche
    - Ablauf eines Krisenfalls
    - Vorgehen im Krisenfall
- Grundlegendes zur Kommunikation in einer Krise
    - Funktionsziele der Krisenkommunikation
    - Grundsätze der Krisenkommunikation
    - Adressaten der Krisenkommunikation und Instrumente
- Konkrete Abwicklung einer Krise
    - Alarmierung bei einer Krise
    - Bearbeitung der Krise
    - Besonderes
    - Psychologische Nothilfe
- Genehmigung und Geltungsbereiche der Richtlinie
    - Geltungsbereich
    - Genehmigung

(Allg. Konzeptaufbau)

Wichtig für ein funktionierendes Krisenkonzept sind folgende Punkte:

- Informationsfluss
- Datenschutz
- Notfallklassifikationen (sog. Ampelschema)
- Krisenteam
- Leitung und Verantwortungsbereiche
- Polizei und Behörden
- Orte nach Wichtigkeit
    - Raum für Krisenteam
    - Raum für Medienorientierung
    - Raum für Betreuung von Betroffenen und Angehörigen

- Räume und Plätze zur Sammlung und Evakuation
- Kommunikationsschema
- Ablaufschema
- Telefonnummern
- Checklisten mit Zuständigkeit, Verantwortung, Bezeichnung
- Adressen von Medien
- Listen von Personen
- Evakuationspläne und Fluchtwege etc.
- Schliesspläne, Schlüsselpläne etc.

Eine Krise impliziert immer ein individuelles Empfinden und persönliches psychisches Erleben. Alle Lebenserfahrungen, die bis ins hohe Alter möglich sind, üben eine auf uns beeindruckende Wirklichkeit aus. Diese schicksalsbedingten Lebenserfahrungen prallen an uns nicht ab, sondern finden Nachhall und üben Seelenschwingung und Einfluss aus.

Jedes Schicksal übt eine auf uns beeindruckende Wirklichkeit aus, die unwiderlegbar Einflussnahme, Auseinandersetzung, Mitschwingung, Anpassung, Assimilation, Adaption und Kompromiss beinhaltet.

Jeder Schicksalsschlag zeigt daher eine erzieherische Komponente. Vielleicht reden wir eher von einer auf unser weiteres Leben Einfluss nehmenden Komponente, anstatt von Erziehung. Obschon sicherlich eine pädagogisch-erzieherische Einwirkung auf uns, auf unsere Seele und auf den Erfahrungsschatz unseres Ich, bei einem Schicksalsschlag nicht zu leugnen ist.

Wenn eine Krise keinen Einfluss mehr auf Menschen hätte, wäre ein Krisenmanagement vollkommen unnötig und widersinnig. Ist es aber nicht! Denn wir können unser Schicksal sowohl als Fatum verstehen, wie auch als Freiheit.

Zum Gedanken des Fatums:

Innerhalb dieser Denkkategorie haben wir Menschen keinen Einfluss auf den Verlauf von Ereignissen. Wir sind vom Ereignis vorbestimmt. Wir sind der Meinung, unser Schicksal lasse sich durch unseren menschlichen Willen nicht ändern. Wir könnten unser Schicksal nur passiv und ihm ergeben erleben. Schliesslich sei alles an die Weltordnung gebunden, in die wir Menschen auch mit eingebunden seien.

Alles geschieht sozusagen nach Gottes Plan und Wille und nach der weltordnenden Notwendigkeit. Wir Menschen können mit unserem Willen am Verlauf der Ereignisse nichts ändern, weil sogar unser Wille Teil des Planes dieser göttlichen Ordnung sei.

Die Sprengung einer Atombombe über einer uns feindlich gesinnten Stadt ist also Gottes Plan und durch menschlichen Willen nicht verhinderbar. Dies wäre die fatale Logik dahinter.

Zum Gedanken der Freiheit:

Verstehen wir unser Schicksal jedoch in der Kategorie der Freiheit, dann können wir behaupten, dass wir Menschen für unser Leben grösstenteils selbst verantwortlich sind und unser Schicksal selber gestalten können und es auch müssen. Wenigstens *mitgestalten* könnten wir unser Schicksal. Zwar ist alles, was uns umgibt, einigermassen gegeben. Aber wir Menschen, so der Gedanke der Freiheit, nehmen durch Handlungen, die wir vornehmen, auch Einfluss auf diese Bedingungen und auf unsere Umgebung.

Wir sind in der Lage, neue Werte zu schaffen. Werte, die auch für uns selber gelten. Wir können die existierende Umgebung um uns ändern und sie neu gestalten. Dies tun wir auch, indem wir etwa riesige Städte bauen, die leider für uns Menschen oft ungesund, hektisch sind und uns in unserem Lebensraum einengen. Oder wir kreieren neue Gesetze und Vorschriften, die unsere freie Lebens- und Berufsgestaltung einengen. Man denke nur an alle Verbote im Strassenverkehr, die wir aus welchen Gründen auch immer, täglich übertreten.

Psychologische Nothilfe kann man lernen
Krisen können im schlimmsten Fall materielle Schäden, körperlich verletzte und tote Menschen zur Folge haben. Die Betroffenen erleiden dabei aber auch seelische Verletzungen.

Mit psychologischer Nothilfe sollen psychische Verletzungen ernst genommen und gelindert werden. Jede mittelschwere bis schwere Krise ist für alle Beteiligten ein zentraler Eingriff in ihr Leben. Schlagartig kann sich die ganze Lebenssituation ändern, denn diese wird durch extreme psychische Belastungen teilweise dramatisch beeinflusst.

Psychologische Nothilfe ist dann der angemessene Umgang mit Personen in einer akuten psychischen Notsituation. Ein gutes Krisenmanagement beinhaltet daher verschiedene **Interventionsteams**, die den Menschen Unterstützung in ihrem Schicksalsschlag geben. Dazu kennt man die verschiedensten Ausbildungen und Curriculums, die sogar von Universitäten angeboten werden.

Care Team
Ein Care Team oder eine Care Organisation besteht aus Care Givers. Care Givers sind ausgebildet, um Menschen in schwierigen Situationen wie z.B. nach Unfällen, Gewaltverbrechen oder Katastrophen zur Seite zu stehen.

Peers
Peers sind Care Givers für die Einsatzkräfte. Peers können jederzeit auf professionelle Fachleute mit einer Zusatzqualifikation in psychologischer Nothilfe zurückgreifen.

Experten
Fachpersonen mit einer Zusatzqualifikation in Notfallpsychologie sind die fachlichen Ansprechpersonen für Care Givers und Peers; sie übernehmen aber auch die Betreuung von Betroffenen.

Grundprinzipien einer ersten Betreuung

- Entlasten:
Chronologie der Ereignisse erarbeiten, Gedanken ordnen

- Beruhigen:
Informationen über normale Reaktionen des Körpers, der Gedanken, der Gefühle, im Verhalten auf ein Ereignis weitergeben

- Festigen:
Die nächsten Handlungsschritte, die nächsten Tage strukturieren, Kontakte zu verschiedenen Personen planen, damit die Betroffenen möglichst bald ihre Selbstständigkeit zurückerhalten.

Menschen wollen ihr Schicksal managen! Wenn immer möglich, versuchen wir im Voraus Schicksale abzuwenden oder solche mit geeigneten Massnahmen schon vor ihrem Auftreten zu verhindern. Gelingt dies nicht, weil das Leben Überraschungen und Unplanmässigkeiten in sich birgt, wollen wir wenigstens die Folgen von sich bereits ereigneten Schicksalsschlägen möglichst durch geeignete Massnahmen beeinflussen und lindern.

Wenn wir über das Thema: Krisenmanagement reden, müssen wir uns nochmals zurück begeben und das tun, was normalerweise an den Anfang gehört. Wir sollten uns zuerst grundsätzlich Gedanken machen, was denn eine Krise überhaupt ist.

Der Begriff **„Krise"** kommt aus dem Griechischen und bedeutet ursprünglich soviel wie: Meinung, Beurteilung, Entscheidung. Erst später erhielt der Begriff die Bedeutung von „Zuspitzung" und meint damit eine problematische, mit einem Wendepunkt verknüpfte Entscheidungssituation. Mit Krise ist also eine schwierige Situation gemeint, die einen *Höhepunkt* wie *Wendepunkt* in einer gefährlichen Entwicklung darstellt.

Dieser Höhepunkt, Wendepunkt verlangt eine Reaktion, sei es, um die Krise aktiv zu bearbeiten oder einfach, um deren Folgen zu beeinflussen (mildern). Egal, um welche Krise es sich auch immer handelt. Es könnte eine politische Krise sein, eine wirtschaftliche oder eine Krise, welche die Gesundheit wie das Leben eines Menschen schlechthin tangiert.

Oft kennen kommende Krisen vorgängige Warnsignale. Man nennt solche *Prodromalsignale*. Leider werden sie meistens in den Wind geschlagen, nicht beachtet oder einfach nicht wahrgenommen. Beispielsweise könnte ein hoher Blutdruck ein solches vorgängiges Warnsignal sein, die in die eigentliche Krise, etwa in einen Herzinfarkt oder zu einem Schlaganfall führt.

Eine gängige Definition des Begriffes „Krise" stammt von Caplan (amerikanischen Sozialpsychiater, 1964) und Cullberg (schwedische Psychiater, 1978), die wie folgt lautet:

> „Die Krise ist ein Verlust des psychischen Gleichgewichtes, den ein Mensch verspürt, wenn er mit Ereignissen und Lebensumständen konfrontiert wird, die er im Augenblick nicht bewältigen kann, weil sie von der Art und vom Ausmass her seine durch frühere Erfahrungen erworbenen Fähigkeiten und erprobten Hilfsmittel zur Erreichung wichtiger Lebensziele oder zur Bewältigung seiner Lebenssituation überfordern."

Im üblichen Sprachgebrauch wird oft zwischen Krise, Notfall und Trauma nicht unterschieden. Wir erfahren mehr dazu in den jeweiligen Kapiteln.

Eine Krise wird unterschieden in:

a.) Veränderungskrise (Übergangskrise)
b.) traumatische Krise (Schicksalskrise)

Die Veränderungskrise an sich ist nicht akut. Sie entsteht in Übergangssituationen, wie etwa in der Pubertät, bei Schwangerschaft, bei der Heirat oder der Geburt eines Kindes. Auch das Klimakterium oder die Pensionierung kann eine solche Veränderungskrise erzeugen. Die Veränderungskrise ist somit nicht Gegenstand der Notfallpsychologie. Trotzdem kann sie viel Stress auslösen.

Eine traumatische Krise wird durch eine subjektiv bedeutsame und plötzlich auftretende Situation (Schicksalsschlag) ausgelöst. Sie ist in der Regel für den betroffenen Menschen sehr schmerzlich und bedroht die psychische und physische Existenz, die soziale Identität und die persönliche Sicherheit.

Unter diese Krisenform fallen etwa plötzliche Todesfälle, Arbeitsplatzverlust, Unfall oder eine Krankheit, Trennung vom Partner oder von der Partnerin, das Erleben von Gewalt und Missbrauch oder, wie das Buchthema ja bespricht, ein Schicksalsschlag.

Von Interesse sind daher vielmehr die sog. traumatischen Krisen, also Krisen, die wir dem Schicksal zuordnen. Ich erlaube mir hier zwei Modelle anzufügen, gerade im Wissen, dass wir uns zwar noch im Kapitel Krisen-Management und Krisen-Intervention befinden.

Das **Vier-Phasen-Modell der traumatischen Krise** nach Cullberg, 1978 umfasst:

1. *Schockphase*:
   In diesem Ausnahmezustand wird die Realität kaum wahrgenommen oder sogar verleugnet. Die Merkfähigkeit ist eingeschränkt, sodass Informationen gar nicht aufgenommen werden. Daher müssen wichtige Informationen zu einem späteren Zeitpunkt, gegebenenfalls auch mehrfach, wiederholt werden.

2. *Reaktionsphase*:
   Tatsachen gelangen schmerzhaft ins Bewusstsein bei gleichzeitiger Anwendung von Abwehrmechanismen wie Verleugnung, Ausbildung einer Sucht oder Krankheit, Verdrängung, Regression oder depressive Erstarrung.

3. *Bearbeitungsphase*
   In dieser ist eine Ablösung von alten Bedürfnissen und Vorstellungen möglich.

4. *Neuorientierungsphase*
   Der vorangegangene Verlust wird im Idealfall durch veränderte Sinnfindung und Zielvorstellungen (auch neue Objekte oder Personen) zunehmend kompensiert.

(http://www.pflegewiki.de/wiki/Krise)

Das chinesische Wort für «Krise» übrigens besteht aus der Kombination der beiden Schriftzeichen für Gefahr, aber auch für Chance. Dadurch wird eine Krise nicht nur negativ gewichtet, sondern erhält durch die Möglichkeit, die Krise auch als eine Chance zu sehen, einen positiven Aspekt.

Krise

Gefahr   Chance

Selbstverständlich ist es alles andere als einfach, hinter einem Schicksalsschlag, einer Krise oder einer menschlichen Tragödie eine Chance für das Leben zu sehen. Solange das Leiden besteht und die mit dem Unglück verbundenen Emotionen jede innere Beruhigung verunmöglichen, vermag niemand im gerade erlittenen Schicksalsschlag zu diesem Zeitpunkt, irgend eine Chance zu sehen, welches das Leben nun bereit halten soll.

Erst nach einer gewissen Zeit der Beruhigung, wenn der Betroffene in der Lage ist, sich zu fassen und vom Schreck sich zu erholen, kann der Blickwinkel in dem Sinne verändert werden, dass sich hinter allem Leid nun irgendwelche Türen öffnen und neue Sichtweisen entfalten, innerhalb deren sich Chancen zeigen.

Phasenmodell:

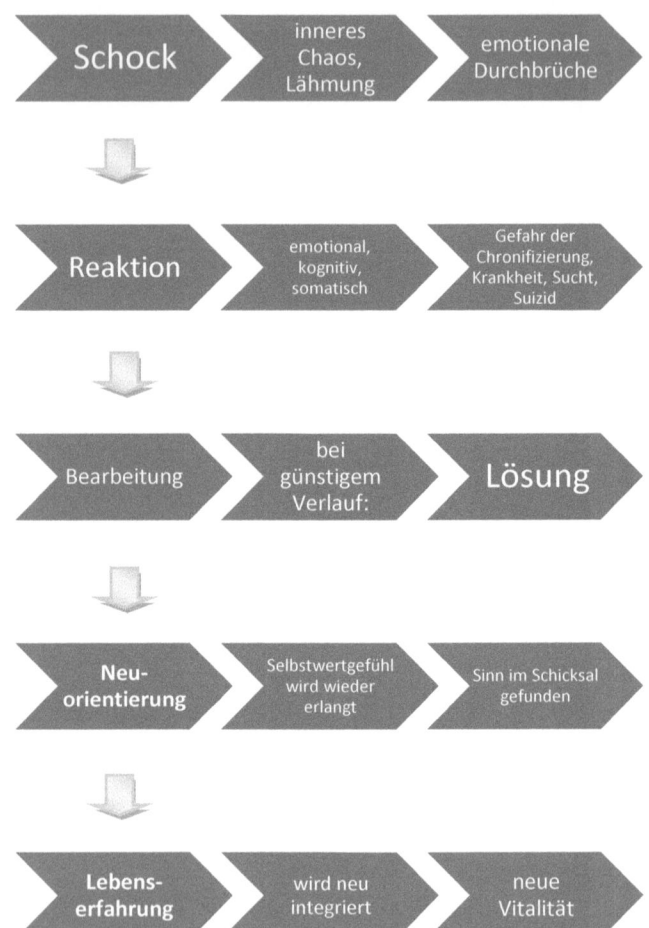

Das Krisenmodell nach dem amerikanischen Sozialpsychiater Caplan (1964) formuliert Krise als *eine negativ empfundene Veränderung des Gleichgewichts zwischen Individuum und Umwelt*. Es enthält ebenfalls vier Phasen:

1. *Phase der angepassten und routinierten Reaktion.* Der Betroffene wendet ihm vertraute Problemlösungsstrategien an. Bereits in dieser Phase können sich Gefühle wie Angst, erhöhte Spannung, Bedrohung und Beunruhigung einstellen. Mit jedem misslungenem Versuch, die Situation mit bekannten Massnahmen zu bewältigen, steigt die belastende Spannung an. Der Betroffene sieht sich immer weniger in der Lage, eine Lösung für seine Probleme zu finden.

2. *Phase der Unsicherheit und Überforderung*: Das Geschehen der ersten Phase spitzt sich zu. Die Copingstrategien des Betroffenen zeigen keinen Erfolg. Er muss sich eingestehen, dass er überfordert ist. Die starke emotionale Verunsicherung lässt den Betroffenen kaum noch Perspektiven erkennen. Gefühle der Hilflosigkeit und des Versagens nehmen überhand.

3. *Phase der Abwehr*. Durch den Einsatz aller verfügbaren Mittel: Alle äusseren und inneren Ressourcen werden mobilisiert. Der Leidensdruck ist so gross, dass der Betroffene auch zu ungewohnten Verhaltensweisen greift, um das Problem zu lösen. Möglicherweise kann er das Problem in dieser Phase lösen und gewinnt damit an Stärke und neuem Selbstbewusstsein.

4. ***Phase der Erschöpfung***, **der Rat- und Hilfslosigkeit**. In dieser Phase entscheidet sich, ob das Krisengeschehen positiv oder negativ verläuft. Besteht die bedrängende, belastende Situation weiter, verschlechtert sich das seelische und körperliche Wohlbefinden des Betroffenen stark. Schliesslich kommt es zum Zusammenbruch der Persönlichkeit. Oft ist professionelle Hilfe nötig, um einen Copingprozess auszulösen.

Wichtig scheint mir hier die Erwähnung, dass beim Auftreten einer psychischen Krise entscheidend ist, wer an ihr teilnimmt und sie begleitet. Dies kann ein Angehöriger des Krisengeplagten sein, ein Berufskollege, ein Arbeitgeber, die Telefonseelsorge, ein Hausarzt, ein Psychologe, ein Psychiater oder ein ganzes Team von Fachpersonen einer Psychiatrischen Klinik oder Psychosomatischen Abteilung.

Jede Instanz verfügt über wirksame und professionelle Interventionsmöglichkeiten, Hilfestellungen und Einflussnahmen. Bei der Fülle aller Angebote ist es unmöglich, auf jede einzelne Intervention einzugehen.

Wichtig ist, dass der vom Schicksal geplagte Mensch sich auf die ihm angebotene und mögliche Instanz einlässt und sie in Anspruch nimmt.

Übersicht der drei Säulen eines Krisenmanagement:

(Aus: www.veko-online.de)

Psychische Krisen will ich in diesem Kapitel nicht näher beschreiben. Sie erhalten in den nachfolgenden Kapiteln nähere Beachtung:

- Kritische Lebensereignisse (Life-Event)
- Notfallpsychologie
- Psychoonkologie
- Psychotraumatologie

Kritische Lebensereignisse (Life-Event)

Kritische Lebensereignisse im Leben eines Menschen sind unabänderlicher Bestandteil des Lebensvollzuges. Alle Menschen erleben solche Life-Events. Sie sind mit dem Leben vorbestimmt und bei ihrem Eintreten verändern sie uns und unser Leben und führen uns unter Umständen in eine ungünstige Richtung.

Kritische Lebensereignisse sind oft **Auslöser** von Krisen. Alle Menschen erleben Todesfälle von nahestehenden Personen. Viele heiraten oder lassen sich wieder scheiden, viele ziehen um in andere Lebensräume, wechseln den Arbeitsplatz oder werden Opfer von Gewaltakten etc.

Im Grunde genommen sind dies für den betreffenden Menschen alles Stressoren. Unter dem Kapitel „Ressourcen" wurden bereits die wichtigsten Stressereignisse (Stressoren) erwähnt. Alle Stressoren führen zu Veränderungen im Leben und fordern von den Betroffenen eine Anpassungsleistung. Oft reichen die persönlichen Problembewältigungsstrategien nicht mehr aus. Dies führt dann bei den Betroffenen zu einer erhöhten psychischen Labilität, Suggestibilität, zu somatischen Reaktionen und zu psychopathologischen Symptomen.

Solche psychopathologischen Symptome bei Krisen können sein:
- Anspannung
- innere Unruhe
- Schlaflosigkeit
- Unsicherheit
- Angst
- Hilflosigkeit
- Irritation
- Aggressivität

- Verwirrtheit
- Depersonalisations- und Derealisationserlebnisse
- wahnhafte Projektionen
- Halluzinationen
- Sowie vielfältige psychosomatische Beschwerden.

Jede Art von Stress führt bei Betroffenen zu unterschiedlichen Stressreaktionen. Gleichgültig, ob es sich um schwerwiegende Lebensereignisse (Todesfall, Scheidung, Unfall), chronische Stressoren (Lärm am Arbeitsplatz etc.) oder um tägliche, unvermeidbare Ärgernisse (schwierige Mitarbeiter) handelt.

Der eigentliche Stress entsteht erst, wenn der Betroffene über nicht ausreichende Bewältigungsmöglichkeiten (**Copingstrategien**) verfügt und wenn das kritische Lebensereignis entsprechend heftig wahrgenommen und interpretiert wird. Wird bei einem Ereignis die eigene Persönlichkeit weniger betroffen, erfährt es eine entsprechend lauere Interpretation und Wichtigkeit für den Betroffenen.

Je nach vorhandener Ressource und derer richtigen Einsatz, bestehen verschiedene Möglichkeiten, das kritische Lebensereignis zu bearbeiten. Fehlen solche inneren oder auch äusseren Ressourcen oder werden solche als ungenügend empfunden oder sind zurzeit nicht abrufbar, löst das kritische Lebensereignisse Stress aus.

Stress entsteht dann, wenn die Ressourcen des betroffenen Menschen mit den Anforderungen nicht übereinstimmen, dem kritischen Lebensereignis adäquat zu begegnen, also wenn ein Ungleichgewicht zwischen auslösendem Grund und den Bewältigungsmöglichkeiten besteht.

Dies können positive wie negative Ereignisse sein. Auch positive Ereignisse (Heirat) können nämlich Stressoren sein, obschon es sich ja um ein freudiges Fest handelt. Ferien und Freizeit kann Stresserleben auslösen. Einkaufen als Tätigkeit kann zum Stress werden, eine berufliche Weiterbildung, Auto fahren in Stosszeiten.

Ebenso können alltägliche Mikrostressoren das psychophysiologische Befinden stark tangieren. Mikrostressoren sind kleinere Unannehmlichkeiten innerhalb des Alltages. Die laut schreiende Stimme eines Säuglings, den man liebt und um den man sich kümmert, kann einem ganz schön an den vielleicht schon durch den Berufsalltag strapazierten Nerven ziehen.

Es gibt eigentlich fast nichts, was nicht auch Stress auslösen könnte. Sogar Intimitäten oder eine üppig gefüllte Tafel an einem Weihnachtsessen.

Ein wichtiger Stressor ist die Zeit. Es kann stressen, wenn die Zeit (z.B. für die Erledigung einer Arbeit) sehr knapp wird, aber ein Zuviel an Zeit kann auch ganz schön stressen, weil schnell Langeweile aufkommen kann.

Psychophysiologische Auswirkungen von Stress sind vielfältig. Folgendes Bild mag das verdeutlichen:

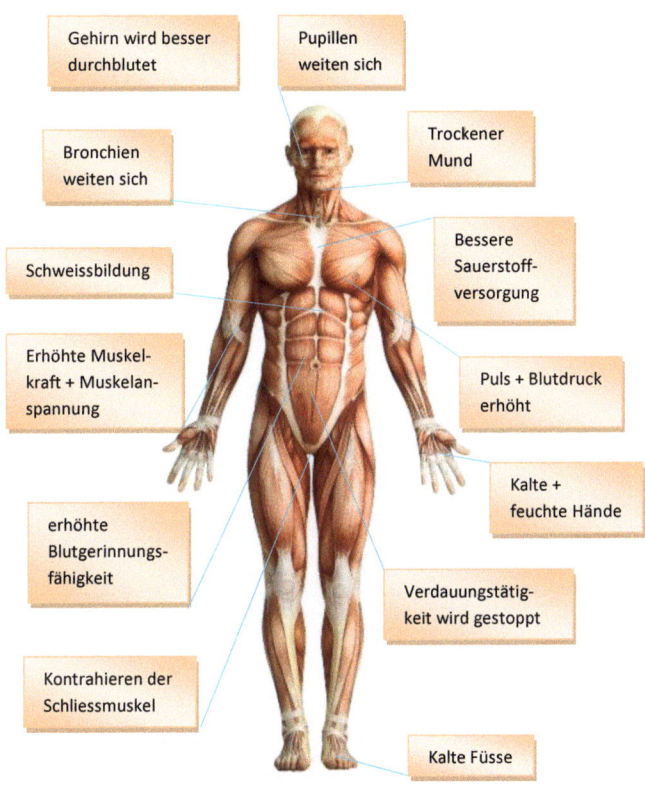

Wie schon früher beschrieben, lassen sich Schicksalsschläge nicht vermeiden; aber die Folgen solcher können wir beeinflussen. Wir haben bereits dargelegt, wie wir Menschen uns gegen die Folgen des Schicksal erwehren können. Stichworte wie: Selbstwirksamkeit, Empowerment, Resilienz, Salutogenese und Pathogenese wurden bereits näher beschrieben.

Sie stellen Ressourcen dar, mit denen wir versuchen, die Folgen eines Schicksalsschlages zu mildern. Diese Ressourcen jedoch sind nicht immer in dem Masse entwickelt, wie wir sie zur Bearbeitung nötig hätten.

Nach einem Lebensereignis stehen meist heftige Emotionen im Vordergrund, die uns jetzt in einem hohen Masse fordern.

Unter "Kritischen Lebensereignissen" werden sehr heterogene Ereignisse zusammengefasst. Manche lösen nur eher geringen Stress aus, andere jedoch sind tiefe Traumata und erfordern ein schnelles Eingreifen. (Siehe Notfallpsychologie)

1. kritische Lebensereignisse im engeren Sinn, lebensverändernde Ereignisse
2. normative Ereignisse, Entwicklungsaufgaben
3. chronische Stressfaktoren (Pflege eines chronisch kranken Angehörigen)
4. Alltagsbelastungen (langer Anfahrtsweg zur Arbeitsstelle)
5. belastende Grossereignisse (Wirtschaftskrise, Naturkatastrophe)
6. Nicht-Ereignisse (ungewollte Kinderlosigkeit, ausbleibende Beförderung)
7. Traumata im engeren Sinne: ein Trauma-Ereignis liegt vor, wenn das Leben oder die körperliche Unversehrtheit der Person verletzt oder bedroht wird (Opfer von körperlicher Gewalt, Vergewaltigung, Kriegshandlung).
8. kritische Lebensereignisse bzw. Trauma-Ereignisse im Kindesalter (Kindheitstraumata), vor allem sexueller Missbrauch, Misshandlung und Vernachlässigung.

Bei der Bearbeitung der Folgen solcher Ereignisse spielen verschiedene Merkmale einer Person eine Rolle:

- Alter bei Eintritt
- Geschlecht

- persönliche Bewertung des Ereignisses
- Fähigkeiten und Ressourcen zur Bewältigung, persönliche Schutzfaktoren
- verfügbare soziale Unterstützung
- Erinnerungslücken, Interpretationen

Traumata z.B. sind:

- Erlebte Kriegshandlungen
- Bombardierungen
- Heimatvertreibung
- Gefangenschaft und Geiselnahme
- Vergewaltigung
- Kindesmissbrauch
- Schwere Unfälle
- Körperliche Gewalt (Verletzungen)
- Lebensbedrohende Krankheit
- Naturkatastrophen, Erdbeben
- Zeuge einer Traumatisierung sein

Kritische Lebensereignisse können Auslöser von Erkrankungen sein. So ist bereits eine kurzzeitige Arbeitslosigkeit eine Beeinträchtigung unserer Gesundheit. Langjährige Arbeitslosigkeit etwa kann unseren Gesundheitszustand stark beeinträchtigen. Sie führt schnell zu psychischen Beeinträchtigungen, ist verantwortlich von Depressionen, Verzweiflung, Mutlosigkeit.

Bei Traumata kommen spezielle Reaktionen in Gange. Man bezeichnet sie als akute Belastungsreaktionen, die normalerweise zwar innert Stunden und Tagen abklingen, oft jedoch zu Posttraumatischen Belastungsstörungen führen. Für die Diagnose einer Posttraumatischen Belastungsstörung ist die Manifestation ihrer Symptome für einen Zeitraum von mindestens 6 Monaten Bedingung.

Eine Posttraumatische Belastungsstörung wird häufig ausgelöst durch:

- Vergewaltigung (teils häufiger bei Männern!)
- Sexuelle Belästigung
- Kindesmissbrauch (Misshandlungen)
- lebensbedrohliche Erkrankung
- Kriegserlebnisse (Folterung, Gefechte, Vertreibung)
- Bedrohung mit Waffengewalt

Andere kritische Lebensereignisse führen nicht zwingend zur Posttraumatischen Belastungsstörungen, sondern werden als „Anpassungsstörungen" diagnostiziert. Diese können sich zeigen in:

- Depressionen
- Gefühlen von Herabwürdigung
- Aggressionen gegen Auslöser, Peiniger, Verursacher
- Hilflosigkeit
- Ausgeliefertsein
- Es können sogar Schizophrene oder Psychotische Symptome auftreten.
- Vereinsamung
- Verminderung des Selbstwertgefühles
- Verminderung des sozialen Austausches
- Vorzeitiges Sterben

Coping-Strategien:
Man kennt das offensive Coping, sowie das defensive Coping. Das offensive zeichnet sich dadurch aus, dass versucht wird, die Stressquelle, die Stresswahrnehmung, die Stressbewertung und die verschiedenen Ebenen der Stressreaktionen aktiv zu beeinflussen. Das defensive zeigt sich in der Vermeidung von grösseren Anstrengungen und dem Verzicht auf ein offensives Vorgehen.

Bewältigung wird angestrebt über die Beeinflussung der ...	Offensives Coping	Defensives Coping
der Stressquelle	1. Planvolles Handeln zur Beeinflussung der Stressquelle	2. Bewusstes Vermeiden der Konfrontation mit der Stressquelle
der Stresswahrnehmung	3. Informieren über die Stressquelle	4. Verleugnen/Ignorieren oder Ausblenden der Stressquelle
der Stressbewertung	5. Sich Mut machen durch Umbewerten	6. Akzeptieren durch Umbewerten
der körperlichen Stressreaktion	7. Aktive Beruhigung und Anregung	8. Passive Beruhigung und Anregung
des Stressausdrucks	9. Stressemotionen ausdrücken, abreagieren, mitteilen	10. Stressemotionen kontrollieren/unterdrücken

Tab. 2 Stressbewältigungs-Strategien (Schulz 2005)[33]

Das Kapitel Kritische Lebensereignisse (Life-Event) schliesse ich mit einem Vergleich der Krise zu resilienten Menschen ab.

> ➢ *Resiliente Menschen akzeptieren die Krise und die damit verbundenen Gefühle.* Resiliente Menschen schämen sich nicht ihrer Tränen, ihrer Wut und ihrer Ängste. Sie tun nicht so, als wäre nichts geschehen und panzern sich nicht ein. Sie verfallen nicht in hektische Aktivität und betäuben sich nicht durch Medikamente und Alkohol. Sie wissen, dass kurz nach dem Krisenereignis kaum ein klarer Gedanke gefasst werden kann und warten die gröbsten Reaktionen ab, bevor sie sich aktiv mit dem Geschehen auseinandersetzen.

- *Resiliente Menschen suchen nach Lösungen.* Sie wissen, dass es nicht in ihrer Macht liegt, alles ungeschehen zu machen, auch wenn sie dies im Moment gerne täten. Aber sie entscheiden mit, welche Folgen das Geschehen für sie haben wird.

- *Resiliente Menschen lösen ihre Probleme nicht allein.* Sie besprechen sich mit anderen Menschen, holen sich Hilfe und Unterstützung auch bei Fachpersonen oder Fachorganisationen.

- *Resiliente Menschen fühlen sich nicht als Opfer der Geschehnisse.* Sie sagen nicht „ich kann nicht", sondern sie sagen „ich will es versuchen".

- *Resiliente Menschen bleiben optimistisch.* Sie sind der Überzeugung, dass sich die Dinge irgendwann wieder positiv entwickeln werden. Das ist aber nicht allein nur positives Denken, sondern gesunder Optimismus, der die negativen Aspekte des Geschehens jedoch nicht leugnet.

- *Resiliente Menschen geben sich selbst keine Schuld.* Trotzdem quälen sich Betroffene eine Zeit lang mit Selbstvorwürfen. Dies sind wäre ich- und hätte ich-Fragen. Aber irgendwann einmal beenden solche Menschen ihre Selbstanklagen. Sie fragen sich nicht monatelang „Warum gerade ich?"

- *Resiliente Menschen planen voraus.* Dies zeigt sich beispielsweise darin, dass sie es für möglich halten, dass Ehen scheitern oder dass ein Arbeitsplatz irgendwann nicht mehr sicher sein könnte. Für solche Menschen ist nichts selbstverständlich. Sie bereiten sich quasi gedanklich auf eventuelle Veränderungen im Leben vor.

> *Resiliente Menschen kommen mit ihrem Scheitern eher zurecht*. Für sie besteht grundsätzlich die Möglichkeit, dass etwas in ihrem Leben einmal scheitern könnte.

Resilientes Verhalten bei der Krise: Übersicht

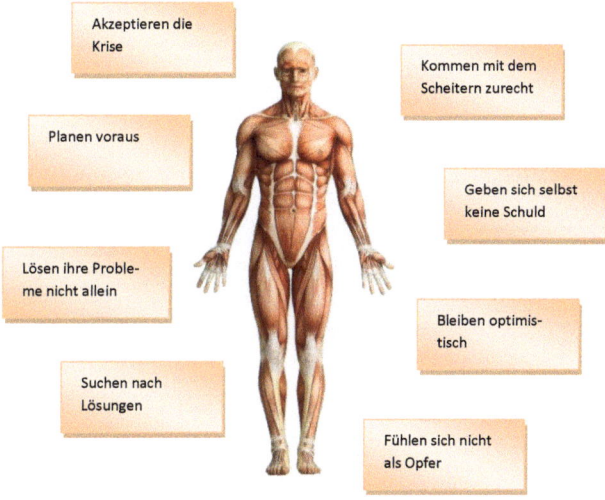

Notfallpsychologie und Psychotraumatologie

Um dem Schicksal die Stirn zu bieten, kann ein Betroffener selbstverständlich eine versierte Geistheilerin besuchen und sie gegen viel Lohn darum bitten, alles wieder ins richtige Licht und Lot zu rücken. Oder er kann versuchen, über Esoterik (z.B. via Kartenlesen oder Hellsichtige) einen Blick in sein zukünftiges Schicksal zu werfen. Vielleicht wird ihm dabei etwas vorausgesagt, das womöglich einmal in irgend einer Form auch wirklich eintreffen könnte.

Nicht zu vergessen sind die in jeder Drogerie käuflichen Notfalltropfen. Sie sind günstiger und wirken, sofern wir daran glauben, unverzüglich und eindeutig und erst noch für jeden erdenklichen Zwischenfall. Nebenwirkungsfrei, versteht sich!

Es gibt Frauenzeitschriften wie etwa die Schweizerische Glückspost. Diese Zeitschriften sind vollseitig inseriert mit Kleinanzeigen von selbsternannten Geistheilerinnen, Magnetopathinnen, Hellsichtigen, Kartenleserinnen, Handauflegerinnen, Astrologinnen, Zukunftsblickenden, Fernheilerinnen und Wahrsagerinnen. Zuständig für diesen Teil der Zeitschrift ist ein richtiger Experte für Psi und Esoterik, der zum Redaktionsteam gehört. Die Glückspost aus dem Ringier Axel Springer-Verlag zählt zur Regenbogenpresse und ist eine beliebte Frauenzeitschrift für Prominenz und Unterhaltung. Es wird in ihr sogar eine Rubrik namens „Schicksale" redigiert und passt somit wunderbar in mein bescheidenes Büchlein.

Immerhin, ich gebe mich tief verbeugend geschlagen, weist diese Zeitschrift eine Reichweite von rund 362'000 Lesern auf, wöchentlich selbstverständlich. Die Leserschaft besteht zu 72,5 % aus weiblichen Leserinnen und nur, oder immerhin doch noch zu 27,5 % aus männlichen Lesern. Da vergeht mir jeder Humor angesichts meines kaum verkäuflichen Werkleins, welches mich über 250 Entwicklungsstunden gekostet hat.

Humor und Spass gehören nicht unbedingt und nicht in jeder Form zur Notfallpsychologie. Allerdings sollte gerade der Humor nach einem Schicksalsschlag irgendwann wieder zurückkehren und wieder Teil unseres Lebens werden. Den Humor wieder zu erlangen, ist sogar ein Gradmesser, wie und wann wir einen Schicksalsschlag verarbeitet haben. Darum gehört Humor auch zur Genesungsstrategie und ist und bleibt Bestandteil unserer Resilienz und Heilung.

Es gibt Spitalclowns, nicht nur in Kinderabteilungen, die das Ziel haben, das Leiden der Kinder im Spital durch Freude und Lachen zu lindern. Gesundheitsclowns arbeiten auch in Kliniken, Altenpflegeheimen und Einrichtungen für geistig und körperlich behinderte Menschen. Sie setzen ihren Humor gegen Langeweile und Einsamkeit ein, bringen den Kranken und Schicksalsgeplagten wieder Freude, neue Hoffnung und Lebenslust. Sie sorgen für Atempausen im Alltag von Krankheit, Leiden und Alter. Sie schaffen menschliche Nähe, bauen Ängste ab und aktivieren Selbstheilungskräfte. Sie sind sogar für Notfälle da.

Notfallpsychologie
Die Notfallpsychologie beschäftigt sich mit dem Erleben und Verhalten während und nach Notfallsituationen. Dabei geht es einerseits um konkrete Interventionen, welche die betroffenen Personen und Gruppen bei der Aufrechterhaltung und Wiedererlangung ihrer psychischen Stabilität unterstützen. Andererseits geht es auch um wissenschaftliche Erklärungsmodelle, bezüglich der auftretenden Symptome und Störungen, sowie der Wirksamkeit der Interventionen.

Ein psychischer Notfall liegt dann vor, wenn es durch ein plötzlich auftretendes Ereignis zu einer massiven **Beanspruchung der individuellen Verarbeitungs- und Bewältigungsmechanismen** kommt. Die psychische Stabilität ist dadurch akut gefährdet, ein Zusammenbruch des psychischen Systems möglich.

Ein Notfall kann bei den betroffenen Personen eine traumatische Krise auslösen und zu **gravierenden Folgestörungen** führen. Daher geht es bei den notfallpsychologischen Massnahmen um die Vorbeugung und Verhinderung einer Posttraumatischen Belastungsstörung (Langzeiteffekt der Traumaerfahrung).

Im DSM-IV, also dem Diagnostischen und Statistischen Manual der Amerikanischen Psychiatrischen Gesellschaft wird für die Posttraumatische Belastungsstörung (PTBS) die Bezeichnung „**Posttraumatic-Stress-Disorder (PTSD)**" verwendet. Gemeint ist damit jene Krankheit, die durch einen schweren Schicksalsschlag entstehen kann.

Auf den folgenden Seiten stelle ich den möglichen, normativen Verlauf einer entstehenden Posttraumatischen Belastungsstörung dar. Eine solche zu entwickeln ist jedoch nicht in jedem Falle zwingend. Sie ist abhängig von der Fähigkeit zur Resilienz, der Coping-Fertigkeit und der Vulnerabilität des Betroffenen. Aber auch von den Abwehrmechanismen, der Ich-Stärke, der Art und Intensität und Qualität (Quantität), sowie auch der zeitig erfolgten notfallpsychologischen Interventionen.

Traumaexposition
Schicksalsschlag
Trauma

Peritraumatische Psychische Störung

- Dissoziation (Abspaltung, Zerfall)
- Intrusion (Bilder, Gerüche etc.)
- Vermeidung, Rückzug
- autonomes ↪ Hyperarousal
- Angst, Trauer (Emotionalität)
- Schlafstörungen, Appetitverlust
- Verwirrtheit, Konzentrationsstörungen
- Beginn einer Depression

- (Normablauf beim Mensch; Abnahme der Intensität der Reaktion)
- Dauer: Stunden bis Tage

Akute Belastungsstörung

- Beginn und Remission innerhalb von 4 Wochen

Posttraumatische Belastungsstörung

- Dauer der Symptome weniger als 3 Monate

Chronische Posttraumatische Belastungsstörung

- Dauer der Symptome länger als 3 Monate
- Persönlichkeitsänderung
- sozialer Rückzug
- ständige Angst
- Gefühl der Leere
- Identitätsstörung
- Persönlichkeitsstörung

Obiges Schema ist stark vereinfacht und die einzelnen Stufen gehen teilweise ineinander über. Immerhin dient die Darstellung gut zur Verdeutlichung, was Notfallpsychologie zu leisten hat. Wir wissen bereits, dass sie in der Vorbeugung und Verhinderung einer Posttraumatischen Belastungsstörung (Langzeiteffekt der Traumaerfahrung) eine zentrale Rolle spielt. Ziel ist die Wiedererlangung der Autonomie der vom Schicksalsschlag getroffenen Person.

Die Notfallpsychologie setzt sich in erster Linie mit Interventionen in der Akutphase, also in den ersten Tagen und Wochen nach einem traumatischen Ereignis auseinander. Also nicht mit der klinisch-psychologischen und psychotherapeutischen Behandlung von Traumafolgestörungen (Traumatherapie).

Es gibt verschiedene Organisationen, Lehrinstitute und universitäre Lehrgänge, die Aus- und Weiterbildungen in der Notfallpsychologie anbieten.

Eine solche Organisation, die eine Ausbildung in Notfallpsychologie anbietet, ist beispielsweise die SBAP, der Schweizerische Berufsverband für Angewandte Psychologie. Eine seiner Fachrichtungen beschäftigt sich mit der Notfallpsychologie. Fachpsychologinnen SBAP in Notfallpsychologie erfüllen hohe Standards eines geschützten Fachtitels. Sie sind ausgebildet in Notfallpsychologie und/oder Psychotraumatologie.
(Website: https://secure.sbap.ch/fachrichtungen/notfall.php)

Kurzbeschreibung, Zielpublikum und Zulassungskriterien
Die notfallpsychologische Nothilfe umfasst alle Massnahmen, die geeignet sind, die psychische Gesundheit von Betroffenen potenziell traumatisierender Ereignisse und von Einsatzkräften während und unmittelbar nach solchen Ereignissen zu erhalten oder wieder herzustellen.

Wer beruflich oder privat mit Unfällen oder belastenden familiären und beruflichen Erlebnissen konfrontiert ist oder mit Menschen zu tun hat, die mit der Diagnose einer schweren Erkrankung fertig werden müssen, kann die hier vermittelte notfallpsychologische Kompetenz einsetzen.

Die Weiterbildung vermittelt das aktuelle Wissen und die Kompetenz zur psychologischen Akut- und Krisenintervention in Notfallsituationen und Grossschadenereignissen.

Zielpublikum sind: PsychologInnen, ÄrztInnen, SozialpädagogInnen, Pflegepersonal, PädagogInnen, TheologInnen, Polizeikräfte, Sozialarbeitende.

Ein Weiterbildungsangebot des SBAP umfasst:

Lerninhalte
Modul 1 – 4 - Grundausbildung (folgend eine Auswahl an Lerninhalten)

- Allgemeines notfallpsychologisches Modell

- Trauerreaktionen/-verarbeitung
- Überbringung schlechter Nachrichten

- Psychotraumatologie und spezielle Interventionstechniken

- Duale Repräsentationstheorie

- Soziale Unterstützung und Grenzen nach traumatischen Ereignissen

- Identifizierung und erste Abschiednahme von Verstorbenen

- Betreuung von Angehörigen vermisster Personen, nach Suizid

- Suizidale Entwicklung und notfallpsychologische Interventionen bei Suizidalität
- psychologische und rechtliche Aspekte der Totenbeschau, Obduktion und Organentnahme
- Umgang mit Kindern und Jugendlichen nach traumatischen Ereignissen.
- Handeln und Verhalten im Katastropheneinsatz
- psychologische Aspekte bei Evakuierungen
- Selbstschutzmaßnahmen und Psychohygiene

Modul 5 und 6 Praxisbezug

- Blaulichtorganisationen und deren Organisation
- Aufgaben des Gerichtsmedizinischen Institutes IRM
- Zusammenarbeit mit Einsatzkräften der Blaulichtorganisationen im Grossschadenereignis und deren Massnahmen, Organisation und Abläufe
- Nachbetreuung von Betroffenen
- Kommunikation in Notfallsituationen
- Praxisbezug zu notfallpsychologischen Falldarstellungen.
- Diskussion und Übungen

Beispiel eines Curriculum der Notfallpsychologie
(aus Österreichische Akademie für Psychologie)

Modul 1:
Notfallpsychologie und Grundlagen der Psychotraumatologie

Ziel

Die TeilnehmerInnen erlangen ein Basis-Know-How auf dem Gebiet der Notfallpsychologie und Psychotraumatologie. Zentrale theoretische Konzepte und praktische Übungen vermitteln Besonderheiten und eventuelle Schwierigkeiten der notfallpsychologischen Arbeit. Ergänzt wird das Seminar durch Selbsterfahrung, welche sich mit persönlichen Anforderungen, der Motivation sowie den Grenzen der Hilfe beschäftigt.

Inhalt

- Grundzüge der Notfallpsychologie (Rollenverständnis, Strategien, Ziele)
- Psychotraumatologie, Belastungs- und Störungsbilder nach traumatischen Ereignissen
- Psychologische Erste Hilfe und Überblick über die Maßnahmen der Notfallpsychologie mit zeitlicher Übersicht
- Grundlegende Kommunikationstechniken
- Selbsterfahrung: Selbstsicht, eigene Verluste, Umgang mit eigener Belastung
- Methoden im Umgang mit eigener Belastung

Modul 2:
Interventionstechniken in der Akutpsychologie

Ziel

Ziel dieses Seminars ist die Vermittlung notfallpsychologischer Fachkompetenz. Die TeilnehmerInnen sollen durch Beispiele aus der Praxis die Techniken und Methoden der notfallpsychologischen Arbeit kennen lernen. Schwerpunkte bilden dabei notfallpsychologische Interventionen bei individuellen Notfällen. Durch praktische Übungen soll das Erlernte angewandt und gefestigt werden.

Inhalt

- Methoden und Techniken der Notfallpsychologie
- Übungen zur notfallpsychologischen Intervention bei individuellen Notfällen
- Notfallpsychologische Arbeit in speziellen Situationen (z.B. Begleitung bei Identifikation und Verabschiedung)
- Grenzen der Notfallpsychologie

Modul 3:
Notfallpsychologische Gruppeninterventionen - arbeiten mit Gruppen in der Notfallpsychologie

Ziel

Den TeilnehmerInnen werden Grundlagen und Techniken des "Critical Incident Stress Management (CISM) nach Mitchell, für die Arbeit mit Einsatzorganisationen (Rettungsdienst, Feuerwehr, ...) vermittelt. Einen weiteren wichtigen Bereich der Notfallpsychologie stellen Gruppeninterventionen in der Arbeitspsychologie (Betreuung nach Überfällen, ...) dar. in Form von praktischen Beispielen wird der Ablauf von der Alarmierung bis zu Nachbetreuung bearbeitet. Ausserdem wird auf das Thema ‚Überbringung schlechter Nachrichten' eingegangen, immer wieder werden NotfallpsychologInnen dabei zu Unterstützung und Nachbetreuung herangezogen. In praktischen Übungen finden Sie Gelegenheit, die Techniken selbst auszuprobieren.

Inhalt

- CISM Stressmanagement nach kritischen Ereignissen für Einsatzorganisationen

- Aktuelle Guidelines für Gruppeninterventionen
- Gruppeninterventionen in der Arbeitspsychologie
- Überbringung schlechter Nachrichten

Modul 4:
Notfallpsychologie bei Grossschadensereignissen

Ziel

Den TeilnehmerInnen werden Techniken und Indikationen notfallpsychologischer Interventionen und Stabilisierungsmaßnahmen vermittelt, insbesondere in der Arbeit mit Einsatzpersonal (Rettung, Feuerwehr, Exekutive, ...) und Betroffenen im Rahmen von Grossschadensereignissen. Die Darstellung von Kommunikationsabläufen im Einsatzfall macht sie mit Aufgabengebieten vertraut, die im Grossschadensfall zur üblichen notfallpsychologischen Arbeit hinzukommen. Einsatzberichte sowie Simulationen stellen den wichtigen Praxisbezug sicher. Außerdem wird auf die Themen Suizid und Verabschiedung von Verstorbenen vertieft eingegangen, da sie eine der Hauptindikationen der mobilen Krisenintervention darstellen.

Inhalt

- Psychologische und organisatorische Besonderheiten eines Grossschadensereignisses
- Einsatzorganisationen im Rahmen eines Grossschadensereignisses
- Weisungsstruktur vor Ort
- Zusammenarbeit zwischen Einsatzorganisationen und Kommunikationsaufbau
- Interne Zusammenarbeit und Kommunikation
- Coaching von VerantwortungsträgerInnen
- Notfallpsychologische Arbeit im Rahmen von Bürgerversammlungen
- Einsatzberichte, Simulationen und Rollenspiele
- Umgang mit Suizid und Verabschiedung

Einzelne Aspekte der Psychotraumatologie

Bei den beiden Ausbildungsmodellen für die Notfallpsychologie ging es mir in erster Linie um den Inhalt solcher Lehrgänge. Wenden wir uns nun einzelnen Aspekten der Psychotraumatologie zu.

Notfallpsychologie und Psychotraumatologie gehen ineinander über. Ihr Unterschied liegt darin, dass in der Notfallpsychologie **Probleme in der Akutphase** bearbeitet werden, während in der Psychotraumatologie chronische Krankheitsbilder psychiatrisch und/oder psychotherapeutisch behandelt werden.

Der Notfallpsychologe wie auch das ein Careteam sollte möglichst am Ort des Traumageschehens sein und zwar zum gegenwärtigen Zeitpunkt des Traumas. Die Begleitung des Betroffenen geschieht sozusagen auf dem „Unfallplatz vor Ort" und dauert weiter noch während Tagen.

Die Notfallpsychologie arbeitet innerhalb ihrer Möglichkeiten zur Vorbeugung oder Verhinderung von Folgekrankheiten und steht einem von einer schweren Krise geschüttelten Menschen in den schweren Stunden und Tage bei. Dies betrifft in ganz besonderem Masse die peritraumatische Phase, also die Phase kurz nach dem Schicksalsereignis (Traumaexposition).

Ein Psychotraumatologe wird in aller Regel einen traumatisierten Patienten erst Monate oder sogar Jahre nach einer sich ereigneten Traumaexposition (Unfall, Verletzung, Missbrauch etc.) in einer traumaspezifischen Therapie innerhalb einer Psychotherapeutischen Klinik oder Praxis behandeln.

Die Posttraumatische Belastungsstörung (PTBS), also die Bezeichnung „Posttraumatic Stress Disorder (PTSD)" ist nicht die einzige Traumafolgestörung. Weitere Störungen, wie etwa Persönlichkeitsänderungen, Anpassungsstörungen, aber auch Depressionen, Angststörungen, somatoforme Störungen,

Persönlichkeitsstörungen oder Substanzmissbrauch müssen als mögliche Reaktionen auf traumatisierende Ereignisse ebenfalls erkannt und behandelt werden.

Wirken Bindungsstörungen, anhaltende Vernachlässigung und wiederholte Traumatisierung (Gewalt, Missbrauch) zusammen, führt dies meistens zu einer schwerwiegenden Störung der psychischen Entwicklung und der Persönlichkeitsstruktur. Dabei findet eine unzureichende Verarbeitung und Integration des traumatischen Erlebens statt und dies führt zu einer Vielzahl von Problemen, wie etwa zu:

- ➢ Schwierigkeiten in der Affekt- und Selbstregulation
- ➢ mangelnder Fähigkeit zur Selbstfürsorge
- ➢ selbstdestruktivem Verhalten
- ➢ schweren Beziehungsstörungen
- ➢ dissoziativen psychischen Symptomen
- ➢ somatoformen Symptomen
- ➢ veränderten Werte- und Lebenseinstellungen

Eine solche psychotraumatische Behandlung gliedert sich in der Regel in drei verschiedene Phasen:

1. Stabilisierung und Strukturaufbau

2. Dosierte Trauma-Exposition und -Bearbeitung

3. Integration der Persönlichkeit und Rehabilitation

Zu einer Traumatherapie gehören folgende Begriffe. Sie sind allesamt entnommen aus Universität Zürich, Weiterbildung Psychotraumatologie:

(aus http://www.psychotraumatologie-weiterbildung.uzh.ch/de/verfahren/net.html)

Brief Eclectic Psychotherapy for PTSD (BEPP)

Brief Eclectic Psychotherapy for PTSD (BEPP) wurde von Berthold Gersons in Amsterdam entwickelt. BEPP integriert kognitiv-verhaltenstherapeutische und psychodynamische Elemente sowie Konzepte der Trauertherapie.

Die Behandlung mit BEPP umfasst fünf Phasen:

1. ↪ Psychoedukation
2. Exposition in sensu mit Imaginationsübungen und der Konfrontation mit Erinnerungsobjekten.
3. Schreibaufgaben: So genannte „Fortsetzungsbriefe" an Personen und Instanzen helfen, sich aggressiver Gefühle bewusst zu werden und diese auszudrücken.
4. Integration und Bedeutungszuschreibung: Das alles dominierende traumatische Ereignis wird in den Kontext des gesamten Lebens gesetzt und in seinem Bedeutungszusammenhang gesehen.
5. Abschiedsritual

Ziel der Behandlung ist die Reduktion der PTBS-Symptomatik, die Unterstützung der Patientinnen und Patienten bei der Integration der traumatischen Erfahrung in ihre Biografie, und letztlich die Wiedererlangung der Kontrolle über ihr eigenes Leben.

Trauma-fokussierte kognitive Verhaltenstherapie (Tf-KVT)

Unter dem Sammelbegriff «trauma-fokussierte kognitive Verhaltenstherapie» werden verschiedene Ansätze zur Behandlung posttraumatischer Belastungsstörungen zusammengefasst. Allgemein gilt die Wirksamkeit der verschiedenen kognitiv-verhaltenstherapeutischen Strategien als hoch. Sie wurde in vielen Studien bei unterschiedlichen Traumastichproben belegt. Während primär verhaltenstherapeutisch orientierte Verfahren vor allem auf die Expositionstherapie fokussieren, werden in eher kognitiv ausgerichteten Verfahren weitere Methoden, wie die kognitive Umstrukturierung traumaspezifischer dysfunktionaler Kognitionen angewandt.

Die wohl bekannteste verhaltenstherapeutische Methode ist die «Prolonged Exposure»-Therapie (PE). Der Ansatz wurde von Edna Foa entwickelt und gilt derzeit als der Goldstandard in der PTBS-Therapie, da er sich über verschiedene Traumastichproben hinweg als hochwirksam gezeigt hat. Im Vordergrund von PE steht die Methode der imaginären Konfrontation, in welcher die Patienten durch den Therapeuten angeleitet werden, das Trauma detailliert und mit allen Sinnesmodalitäten laut zu beschreiben und so wiederzuerleben. Dieses Vorgehen wird wiederholt, bis die Angst deutlich abnimmt. Weiterhin werden in-vivo Konfrontationen durchgeführt, in denen die Patienten lernen, sich angsteinflössenden bzw. vermiedenen Situationen zu exponieren. Ziel der Therapie ist die Verarbeitung des Traumas sowie die Reduktion von Belastung und Vermeidung, die bei Konfrontation mit Hinweisreizen an das Trauma auftritt.

Auch Verfahren, deren Schwerpunkt eher auf kognitiven Grundsätzen basiert, setzen Expositionsverfahren ein. Allerdings ist die Expositionsdosis hier meist geringer und die -intensität weniger stark. So wird z.B. in der von Patricia Resick entwickelten «Cognitive Processing Therapy» (CPT) die Exposition ausschliesslich als schriftliche Hausaufgabe durchgeführt. In den Therapiesitzungen selbst steht die Modifikation traumaspezifischer dysfunktionaler Kognitionen, wie Schuld- und Schamgefühle, mithilfe von Methoden der kognitiven Umstrukturierung im Vordergrund.

Narrative Expositionstherapie (NET)

Die Narrative Expositionstherapie (NET) wurde von Maggie Schauer, Frank Neuner und Thomas Elbert an der Universität Konstanz entwickelt. Über Erzählung ermutigte Erinnerung von schrecklichen Ereignissen, verbunden mit dem Wiedererleben all des damaligen Fühlens und Denkens, vermag Symptome bei Traumaüberlebenden effektiv zu reduzieren, wenn die aufwühlendsten Ereignisse entlang der gesamten Biografie berücksichtigt werden. Diese als Narrative Expositionstherapie (NET) bezeichnete Unterstützung hat sich als ein effizientes Behandlungsverfahren erwiesen, das geeignet ist, implizite Gedächtnisrepräsentationen multipler Traumata gezielt zu restrukturieren, Ressourcen zu aktivieren und das Erlebte in neuer Bedeutung zu erfassen.

Mithilfe von NET bildet sich aus fragmentarischen, biographischen Erinnerungen eine kohärente Geschichte. Erleichterung tritt durch die Integration und Habituation vergangener Ängste ein. Aus dem sprachlosen Terror im «Hier und Jetzt» entsteht eine in Worte gefasste und an einem bestimmten Ort erlebte Vergangenheit (Vergeschichtlichung und Verortung).

Bei NET werden die Betroffenen ermutigt, ihre Lebensgeschichte und vor allem ihre belastenden Ereignisse in ihrem chronologischen Ablauf zu beschreiben. Die Erinnerungen werden dabei mit allen Sinnen, sowie auf einer kognitiven, emotionalen und physiologischen Ebene erlebt. Die entstehende Autobiographie wird schriftlich festgehalten und in den nächsten Sitzungen vorgelesen, ergänzt und korrigiert.

Die Therapie erfolgt in der therapeutischen Zweierbeziehung, eventuell ergänzt durch einen Dolmetscher. Die Therapiemethode wird bei multiplen Traumata eingesetzt – zur Zeit schwergewichtig bei Kriegsopfern und Vertriebenen, in jüngster Zeit auch nach häuslichem und sexuellem Gewalterleben.

Therapie komplexer und dissoziativer Traumafolgestörungen

Die «Komplexe Traumafolgestörung» bezeichnet Folgen nach schwerer und repetitiver Traumatisierung und Vernachlässigung während der Kindheit und Jugend, welche durch die Diagnose der Posttraumatischen Belastungsstörung unzureichend abgebildet werden. Das Konzept wurde in den 1990er Jahren von einer Arbeitsgruppe um Judith Herman und Bessel van der Kolk beschrieben und in Feldstudien erforscht. Das DSM-5 kommt dieser Entwicklung nach, indem die PTBS nun weniger eng gefasst ist und auch einen dissoziativen Subtyp umfasst. In der kommenden ICD-11 wird voraussichtlich die neue Diagnose der Komplexen PTBS enthalten sein.

Das Zusammenwirken von Bindungsstörungen, anhaltender Vernachlässigung und/ oder wiederholter Traumatisierung führt oft zu schwerwiegenden Störungen der psychischen Entwicklung und der Persönlichkeitsstruktur. Verarbeitung und Integration des traumatischen Erlebens finden unzureichend statt. Daraus resultiert eine Vielzahl von Problemen, wie Schwierigkeiten in der Affekt- und Selbstregulation, mangelnde Fähigkeit zur Selbstfürsorge, selbstdestruktives Verhalten, schwere Beziehungsstörungen, dissoziative psychische und somatoforme Symptome sowie veränderte Werte und Lebenseinstellungen.

Die Behandlung basiert auf dem durch Janet Ende des vorletzten Jahrhunderts vorgeschlagenen und durch die moderne Traumatherapie weiterentwickelten Phasen-Modell (Putnam, Hart, Kolk, Nijenhuis, Wöller, Huber u.a.):

1. Stabilisierung und Strukturaufbau,
2. Dosierte Trauma-Exposition und -Bearbeitung,
3. Integration der Persönlichkeit und Rehabilitation.

Das Modell wird ergänzt durch Konzepte der strukturellen Dissoziation (Nijenhuis u.a.), der Bindungsforschung (Bowlby u.a.) und der Mentalisierung (Fonagy u.a.).

Dialektisch Behaviorale Therapie bei Traumafolgestörungen (DBT-PTSD)

Nach dem Erleben schwerer interpersoneller Gewalt in der Kindheit weisen Patient/innen häufig Besonderheiten in der Beziehungsgestaltung und der psychischen Symptomatik auf. Für die psychotherapeutische Behandlung solcher Patient/innen eignet sich die Dialektisch Behaviorale Therapie bei Traumafolgestörungen (DBT-PTSD). Im Fokus der Weiterbildung steht das Behandlungsmanual der DBT-PTSD. Es werden Strategien zur Emotionsregulation sowie der Umgang mit dissoziativen Symptomen vorgestellt. Ein weiterer Schwerpunkt bilden Expositionsverfahren und Interventionen zur Verbesserung von Selbstwert und Körpergefühl. DBT-PTSD wird sowohl im stationären wie im ambulanten Rahmen eingesetzt.

Zum DBT-PTSD Entwicklerteam gehören: Martin Bohus, Regina Steil, Anne Dyer, Kathlen Priebe

Einführung in Eye Movement Desensitization and Reprocessing (EMDR)

Eye Movement Desensitization and Reprocessing (EMDR) ist eine von Francine Shapiro in den USA entwickelte psychotraumatologische Behandlungsmethode. Zentrales Element dieser Methode ist die auf eine strukturierte Vorbereitung folgende bilaterale Stimulation der Hirnhälften. Dabei soll sich der Patient eine besonders belastende Phase seines traumatischen Erlebnisses vorstellen, während der Therapeut ihn mit langsamen Fingerbewegungen zu rhythmischen Augenbewegungen anhält. Dadurch wird bei vielen Betroffenen die Angst reduziert, die ihre Erinnerungen hervorrufen. Die neurologische Wirkungsweise der bilateralen Stimulation ist noch nicht geklärt, hat sich aber in umfangreichen Studien als nützlich erwiesen.

Zusammenfassende Übersicht zu diesem Kapitel:

Interventionsprinzipien
In der peritraumatischen Phase (erste Stunden):

- Struktur geben
- Sicherheit schaffen
- Psychosoziale Versorgung sicherstellen

Interventionsprinzipien
In der akuten Phase (erste 4 - 6 Wochen):

- Kognitive Interventionen
- Psychoedukation
- Stabilisierung
- Ressourcenaktivierung

Interventionsprinzipien
Nach der akuten Phase (über 4-6 Wochen):

- Psychotraumatologie
- PTSD-Behandlung
- Psychotherapie

Kontraindikationen für Konfrontationstherapie

- wenn fehlende Intrusionen (kein PTSD!)
- gleichzeitig Opfer- und Täterrolle
- akute Suizidalität
- Non-Compliance
- Komorbidität mit Psychosen
- erhöhte Impulsivität
- Sucht

Interventionsmethoden

- KVT
- EMDR
- Distanzierungstechniken

Mythen

- keiner braucht Nothilfe. Die Probleme verschwinden immer.
- Jeder braucht Nothilfe. Die Probleme verschwinden nie.
- Alle brauchen das gleiche.
- Reden hilft immer.
- Es gibt kein Risiko.

Interventionsprinzipien

- Zuhören
- Validieren
- Stabilisieren
- Normalisieren
- Beruhigung
- Ressourcen aktivieren
- lösungs- nicht problemorientiert

Psychoonkologie

Ein tiefes, trauriges und einschneidendes Schicksal, neben Unfällen, Vergewaltigungen, Kriegshandlungen etc. ist die Erkrankung des Menschen an Krebs. Die eigene Gesundheit ist gefährdet durch ein gefährliches Krankheitsbild, welches potentiell zum Tode führt.

Das Wort ‚Psychoonkologie' setzt sich zusammen aus Psychologie und Onkologie und beinhaltet die psychologische Betreuung von an Krebs erkrankten Menschen. Sie befasst sich sowohl mit der psychischen Situation des Betroffenen, wie mit seiner sozialen Situation, den Folgen seiner Krebserkrankung und auch deren Begleiterscheinungen.

Psychoonkologie ist eine Wissenschaft. Man könnte sagen, sie ist eine Folgewissenschaft der Onkologie. Während diese versucht ein Krebsleiden zu behandeln (chemisch, physikalisch, operativ, palliativ), hat die Psychoonkologie zum Ziel, die Folgen der Erkrankung, im Speziellen alle psychosozialen Aspekte in einem ganzheitlichen Sinne zu betrachten und darauf zu reagieren.

Krebserkrankung
(als traumatisches Ereignis)

Onkologie
(Behandlungsmassnahmen)

Psychoonkologie

Noch vor wenigen Jahrzehnten glaubte die onkologische Wissenschaft noch, dass sich das Krebsrisiko bei bestimmten Persönlichkeitszügen erhöhen würde. Man postulierte, dass Menschen mit Unselbstständigkeit und Überangepasstheit, mit einer Antriebshemmung, Defensivität und Depressionen ein erhöhtes Krebsrisiko aufweisen würden und dass sie über eine eigentliche Krebspersönlichkeit verfügten.

Die weitere Forschung und Entwicklung der neueren Wissenschaft jedoch widerlegte diese Annahme. Dadurch bewies sie, dass sie in der Lage war, geltende Lehrmeinungen über den Haufen zu schmeissen und als unrichtig zu deklarieren. Das ist der Erfolg wissenschaftlichen Vorgehens, welches der ‚Esoterik-Wissenschaft' vollkommen fehlt.

Geblieben ist jedoch die Lehrmeinung, dass gewisse Noxen und Giftstoffe in der Lage sind, Krebs zu erzeugen und Krebserkrankungen zu forcieren. Dazu gehört nach wie vor das Kettenrauchen von Tabak oder anderen pflanzlichen Naturalien, wie Cannabis. Immerhin ist erwiesen, dass Tabakrauch Giftstoffe enthält, die das Krebserkrankungsrisiko erhöhen, die Krebsentstehung begünstigen und den Krankheitsverlauf negativ beeinflussen können. Dazu gehören bluttoxische (Kohlenstoffmonoxyd), neurotoxische (Nikotin) und karzinogene (Teer) Substanzen.

Es sind viele weitere Giftstoffe bekannt, die als krebserzeugend gelten. Zu erwähnen sind beispielsweise:

- Asbest
- Benzol
- Cadmium
- Formaldehyd
- Nickel

Dies sind nur einige wenige Stoffe, denen heute eine krebserzeugende und krebsbegünstigende Wirkung nachgesagt werden. Diese und andere Giftstoffe bleiben Gegenstand der Forschung. Die Esoterik kennt eine solche Forschung nicht, sondern legt im günstigsten Falle die Hand auf und erreicht dadurch vielleicht einen ‚Nikotinstop'.

Eine psychoonkologische Versorgung sollte in allen Phasen der Erkrankung sichergestellt sein. Also während der Akutbehandlung, der Rehabilitation und gegebenenfalls auch während des Sterbeprozesses.

Die Rolle des Psychoonkologen besteht darin, den an Krebs erkrankten Menschen bei der Krankheitsverarbeitung mittels unterschiedlicher Techniken, beispielsweise durch Krisenintervention, ressourcenorientierten Interventionen oder durch imaginative Verfahren, sowie Arbeit mit Metaphern zu unterstützen.

Das Ziel seiner Arbeit ist die Förderung der Kompetenz des Patienten, mit seiner Erkrankung klarzukommen und ihn seelisch zu unterstützen und zu stärken. Das schliesst oft die Integration des persönlichen sozialen Umfeldes des Patienten mit ein.

Das Inselspital, Universitätsklinik Bern, schreibt in seinem Internetauftritt zum Thema Psychoonkologie:

Bei einer Krebserkrankung ist der Mensch in seiner Gesamtheit betroffen. Neben den Herausforderungen der oft umfangreichen Therapien und den körperlichen Beeinträchtigungen müssen sich die Betroffenen und ihr Umfeld auf eine veränderte Lebenssituation einstellen.

Die Psychoonkologie bietet hier Unterstützung, indem sie im Sinne einer ganzheitlichen Behandlung diese psychosozialen Aspekte verstärkt in den klinischen Alltag und die Therapie mit einbezieht.

Psychoonkologische Betreuung findet im Rahmen einer professionell gestalteten therapeutischen Beziehung statt. Unsere Tätigkeit umfasst sowohl Aspekte der Beratung als auch der Psychotherapie. Wir bieten unter anderem kurze, themenbezogene Beratungen (z.B. Umgang mit einem veränderten Aussehen, Kommunikation mit Angehörigen und Freundeskreis etc.), Gespräche über existenzielle Themen und längere psychotherapeutischen Behandlungen (z.B. bei ausgeprägten Ängsten) an. Grundlagen sind für uns das biopsychosoziale Krankheitsmodell sowie die aktuellen Forschungsergebnisse aus Onkologie, Psychoonkologie und Psychotherapie.

Die Psychoonkologie arbeitet interprofessionell und ist Teil des medizinischen Behandlungsteams.

Unser Angebot unterstützt Betroffene und Angehörige, den für sie individuell passenden Umgang mit der Krebserkrankung zu entwickeln. Dies umfasst den ganz praktischen Umgang mit der Erkrankung im Alltag, den veränderten Lebensaufgaben in Familie und Beruf, den körperlichen Einschränkungen wie Müdigkeit und Konzentrationsstörungen. In gleicher Weise ist die Auseinandersetzung mit der persönlichen Biographie, Wertvorstellungen und Sinnfragen im Rahmen der psychoonkologischen Begleitung möglich.

Angebot für Betroffene und Angehörige
Die Bedürfnisse von Patienten, Patientinnen und Angehörigen nach psychosozialer Unterstützung und psychologischer Behandlung sind sehr unterschiedlich. Ein individueller Zugang ist deshalb eine zentrale Voraussetzung unserer Arbeit. Diese umfasst das folgende Angebot:

- *Gespräche im Einzel-, Paar- oder Familiensetting*
- *Abklärungen und Beratungen*
- *kurze stützende Interventionen*
- *längere Begleitungen und Psychotherapien*
- *Kriseninterventionen*
- *psychopharmakologische Empfehlungen / Behandlungen*
- *Unterstützung bei Erstgesprächen und Gesprächen mit schwierigem Inhalt*
- *Vermittlung von externen Unterstützungsangeboten und Therapeuten*

- *Zusammenarbeit mit den Kollegen der Kinder und Jugend-Psychoonkologie*
- *Unterstützung bei der Erstellung von Patientenverfügungen*
- *Begleitung in palliativen Situationen*
- *Trauerbegleitung*
- *Hilfe bei der Entscheidungsfindung*

Sie bieten in diesem Spital auch eine spirituelle Betreuung und Seelsorge an. Diese spirituelle Betreuung ist jedoch nicht zu verstehen als esoterische Spiritualität.

Diese Spiritualität umfasst:

- Das Reden über eine belastende Erfahrung
- Die Unterstützung in einer existentiellen Krise.
- Das Angebot eines Gespräches über Ängste, Trauer und Wut
- Ein Gegenüber zur Überprüfung einer anstehenden Entscheidung
- Antworten auf religiöse Lebensfragen
- Meditative Angebote
- Rituale, Gebete und Segen
- Reden über Sorgen von Angehörigen
- Vermittlung einer Person aus der Religions-, Kultur- oder Sprachgruppe

Noch immer befinden wir uns im Kapitel der Interventionsstrategien und der Frage, welche Gebiete der Geisteswissenschaft sich mit dem Schicksal befassen und welche Strategien, Empfehlungen und Massnahmen diese kennen, um dem menschlichen Schicksal entgegen zu treten.

Es ist mir ein Anliegen, deutlich zu deklarieren, dass die Psychoonkologie eindeutig in dieses Kapitel gehört.

Thanatologie und Trauer

Der Ausdruck **Thanatologie** (gr. θανατολογία, von θάνατος thánatos „Tod" und -logie) bezeichnet die Wissenschaft von den Ursachen und Umständen des Todes, vom Sterben und der Bestattung. In die Thanatologie reichen Wissens- und Forschungsgebiete aus der Philosophie, Psychologie, Soziologie, Medizin und der Pflegewissenschaft. Dazu gesellen sich Gebiete aus Ethnologie, Geschichte und Archäologie.

Und wie das wieder einmal so ist, wurde die Wortherkunft aus der griechischen Mythologie entlehnt. Thanatos (griechisch θάνατος für „Tod") ist ein Totengott oder ein Daimon. Er befindet sich nur teilweise in unserer Welt der Sterblichkeit, ein Teil befindet sich bereits im Reich der Toten. Er stellt sozusagen den Übergang ins Totenreich dar.

(aus https://de.wikipedia.org/wiki/Thanatos_(Mythologie))

Der Bruder von Thanatos ist Hypnos und der ist der Gott des Schlafes.

Noch heute wird Thanatos gleichgesetzt mit Bestatten, Einbalsamieren, Herrichtung von Leichen. Der verstorbene Körper wird in würdiger Weise hergerichtet, damit eine offene Aufbahrung und Bestattung möglich wird.

Hypnos und Thanatos setzen Sarpedo auf ein Totenlager.

Die Thanatologie will, dass wir Menschen uns vermehrt mit dem Thema des Sterbens und des Todes auseinandersetzen und diese schwierigen Themen nicht tabuisieren, sondern in unser Alltagsleben einbeziehen. Die Thanatopsychologie forscht in der:

- Sterbebegleitung, Trauerbegleitung
- Entwicklung und Durchführung von Unterrichtsveranstaltungen für den Umgang mit Schwerstkranken
- Begleitung, Beratung und Therapie von Trauernden
- und beachtet die psychische Situation von Unfallhelfern und Angehörigen von Katastrophenopfern.

Der Thanatopsychologe macht sich bekannter Methoden, Konzepte und Erkenntnisse zunutze. Diese Gebiete betreffen die Persönlichkeitspsychologie, die Entwicklungspsychologie, die Sozialpsychologie, die Klinische Psychologie, der Gesundheitspsychologie und im Besonderen der Medizinischen Psychologie.

Nicht zu vergessen und im Prinzip schon lange Jahrhunderte vor jeder universitären Wissenschaft beschäftigte sich die Theologie mit dem Tod und der Frage, was danach mit uns Menschen geschieht. In die moderne Religionswissenschaft gehört daher auch die Forschung zur Thanatologie.

Die Thanatologie liefert Betreuungs- und Therapieprogramme, die bei der Bewältigung von Verlust durch Tod hilfreich sind.

Trauer (Sterbephasen)
Eine der verdienstvollen Persönlichkeiten, die sich mit dem Tod und dem Sterben von Menschen und damit mit unserem Thema: ‚Trauer' auseinandergesetzt hat, ist die in der Schweiz geborene Psychiaterin Elisabeth Kübler-Ross. Ihre Werke sind

noch heute sehr lesenswert und ich drucke hier gerne ein Schema zu den Sterbephasen nach Kübler-Ross ab:

Sterbephasen nach Kübler-Ross

	nicht so Nein	eher so Nein
aktive Verweigerung		
aggressive Verweigerung		
partielle Verweigerung		
depressive Annahme		
bewußte Annahme		
verklärte Annahme	ja	ja

(aus: www.google.ch)

Sie sah diese Phasen nicht im linearen Sinne sich entwickeln und fortschreiten, sondern in einem Vor-, Zurück- oder gar Überspringen. Nach ihr können einzelne Phasen auch ganz wegfallen oder andere mehrmals durchlebt werden.

Der Tod wie auch das Sterben ist das Fanal und das Final des Schicksals und damit ein Zeichen oder Ereignis, welches unsere menschliche Aufmerksamkeit erregt. Es ist die grösste Veränderung, die das Leben je begleitet und uns Menschen dessen Endlichkeit aufzeigt. Was nachher kommt, wissen wir nicht, haben jedoch viele Ideen und Glaubensinhalte dazu entwickelt.

Selbstverständlich können wir mit dem Studium der Thanatologie unser eigenes Sterben nicht verhindern und damit unser Schicksal nicht beeinflussen. Aber mit der Auseinandersetzung mit unseren Sterbephasen, können wir das Schicksal unserer Endlichkeit begreifen, verinnerlichen und vielleicht sogar zu akzeptieren versuchen.

Einen weiteren sehr interessanten Beitrag gibt uns Frau Prof. Verena Kast, Psychologin und Professorin für Psychologie an der Uni Zürich. Sie war langjährige Dozentin und Lehranalytikerin am C.G. Jung-Institut. Bei dieser Gelegenheit möchte ich auf ihr interessantes Werk hinweisen. Ihre Bücher sind meines Erachtens sehr empfehlenswert zu lesen.

Insbesondere möchte ich hier ihr Krisenmodell näher darstellen, das die ***kreativen Potenziale*** des Krisenprozesses in den Vordergrund stellt. Auch nach ihr zeigen Krisen einen typischen Verlauf. Dieser Verlauf lässt sich ebenfalls in Phasen darstellen, wobei zu sagen ist, dass diese Phasen sich nicht immer in fester linearer Abfolge manifestieren, sondern dass auch Rückschritte und erneute Phasendurchläufe durchaus möglich sind.

Phasenmodell nach Prof. V. Kast am Beispiel der Trauerkrise
Jedes prozesshafte Geschehen ist unter anderem dadurch gekennzeichnet, dass es ein klarer Anfang und ein klares Ende hat. Der Beginn des Trauerprozesses kann der Verlust eines geliebten Menschen sein. Wie dieser Beginn im Einzelfall abläuft, ist oft entscheidend für den weiteren Verlauf der Trauer.

Das Ende des Trauerprozesses ist durch eine Neuorientierung des gesamten Lebensgefüges zu sehen. Wie lange das Trauergeschehen dauert, ist ganz unterschiedlich, auch die Dauer der einzelnen Phasen kann völlig variieren. Art und Dauer des Trauerprozesses werden von der Persönlichkeit des Trauernden, von den Umständen des Todes und der Beziehung zum Verstorbenen bestimmt.

Phasenmodell (Trauer) nach V. Kast

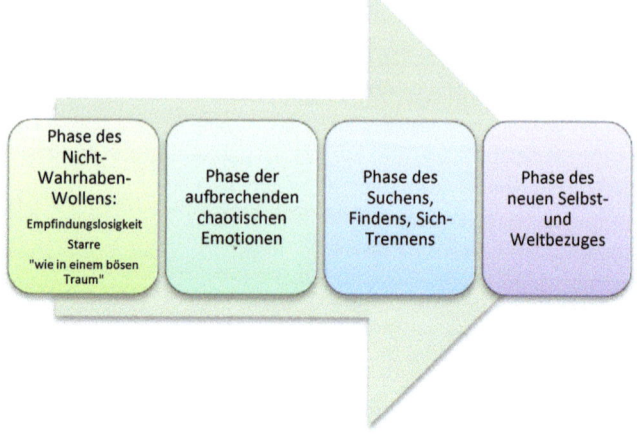

Verena Kast
Trauern, Phasen und Chancen des psychischen Prozesses. Stuttgart (1990) 2008
Kreuz Verlag

○ 1. Trauerphase: Nicht-Wahrhaben-Wollen

Der schicksalhafte Tod eines Menschen schockiert immer, auch wenn er nicht unerwartet kommt. Auf einmal ist alles anders. Verzweiflung, Hilf- und Ratlosigkeit herrschen vor. Das Geschehene wird noch nicht erfasst, man leugnet es zuerst ab, man kann und will es nicht glauben.

Viele Menschen sind wie erstarrt, verstört und völlig apathisch. Andere geraten ausser Kontrolle, brechen zusammen. Der Tod hat etwas Überwältigendes, der Schock sitzt tief. Körperliche Reaktionen setzen ein: rascher Pulsschlag, Schwitzen, Übelkeit, Erbrechen, motorische Unruhe.

Diese Phase kann wenige Stunden bis – vor allem bei plötzlich eingetretenen Todesfällen - mehrere Wochen dauern.

> **Phasenübersicht (Beispiel: Schicksalsschlag „Tod"):**
> - Empfindungslosigkeit, Schmerz wird abgespalten
> - Gefühl der Leere, wie versteinert
> - Eindruck, man träume und der Verlust sei nicht real, Schockreaktion
> - Leugnen des Problems, der Krankheit, des Geschehens

Oft erinnert man sich kaum an diese Phase. Ihre Dauer variiert zwischen Stunden, Tage oder Wochen.

Mögliche kreative Hilfen in dieser 1. Phase

- Alltägliche Besorgungen übernehmen
- Trauernde dort unterstützen, wo sie überfordert sind
- Hilfestellung bei Regelungen, die im Zusammenhang mit dem Todesfall stehen
- Trauernde nicht allein lassen
- Trauernde in ihren Reaktionen nicht bevormunden
- Da-Sein, ohne viel fragen
- Alle Gefühle der Trauernden zulassen: alles darf sein!
- Die scheinbare Empfindungslosigkeit, das Fehlen der Tränen, die Starre aushalten
- Wärme, Mitgefühl vermitteln
- Die eigenen Gefühle zum Ausdruck bringen, wenn es angebracht und notwendig erscheint

➲ 2. Trauerphase: Aufbrechende Emotionen

Gefühle bahnen sich nun ihren Weg. Leid, Schmerz, Wut, Zorn, Freude, Traurigkeit und Angst können an die Oberfläche kommen. Je nach der Persönlichkeitsstruktur des Trauernden herrschen verschieden Gefühle vor. „Warum musste es ausgerechnet mich treffen?" oder „Womit habe ich das verdient?" Das sind Fragen, die sehr leicht aufkommen. Man schreit seinen Schmerz heraus, Wut und Zorn entstehen gegen Gott und die Welt. Aber auch gegen den Toten werden Vorwürfe gerichtet: „Wie konntest du mich nur im Stich lassen?" oder „Was soll nun aus mir werden?" Diese aggressiven Gefühle können sich aber auch gegen einen selbst richten: „Hätte ich nicht besser aufpassen müssen?" oder „Hätte ich das Unglück nicht verhindern können?"

Als Folge davon entstehen Schuldgefühle, die den Trauernden quälen. All diese Gefühle, die zu diesem Zeitpunkt über einen hereinbrechen, sollte man keineswegs unterdrücken. Sie helfen dem Trauernden, seinen Schmerz besser zu verarbeiten.

Werden sie jedoch unterdrückt, so können diese Gefühle viel zerstören, sie führen dann nicht selten zu Depressionen und Verzweiflung.

Die Dauer dieser Phase lässt sich nur schwer abschätzen, man spricht etwa von ein paar Wochen bis zu mehreren Monaten.

Phasenübersicht:

- Schmerz, Wut, Zorn, Freude, Angst vor Leben und Tod
- Angst vor dem Verlassensein oder nicht mehr geliebt zu werden
- Schuldgefühle
- Suche nach Schuldigem mit der Frage: Warum ich?
- Gefühl, sich zusammen nehmen zu müssen
- Anfälligkeit für Infektionskrankheiten steigt
- Meistens von Träumen begleitet, auch Schlafstörungen
- Diese Phase ist schwer zu ertragen, weil die Gefühle, die man nicht gewohnt ist und zuvor abgespalten hatte, nun wie eine Welle über einem zusammen stürzen.
- Gefühle wie innere Unruhe, Zweifel an Selbstwert und Kompetenz und Frustration

Es ist wichtig, das Chaos dieser Emotionen auszuhalten und nicht zu verdrängen, um die Schicksalskrise zu bewältigen.

Am Ende der zweiten Phase ist die Schicksalskrise auf ihrem Höhepunkt. Man spricht an dieser Stelle vom schöpferischen Sprung (Kast 1989, S.26)

Mögliche kreative Hilfen in dieser 2. Phase

- Gefühlsausbrüche zulassen, da sie heilsam sein können
- Ausbrüche von Wut und Zorn gehören ebenso wie depressive Stimmungen und Niedergeschlagenheit zum Vorgang des Trauerns
- Nicht von ungelösten Problemen, Schuld und Konflikt ablenken
- Ablenken fördert nur das Verdrängen, was zu einer Verzögerung des Trauerprozesses führen kann
- Probleme aussprechen lassen
- Schuldgefühle nicht ausreden, aber auch nicht bekräftigen, sondern schlicht zur Kenntnis nehmen
- Am Erleben und Erinnern des Trauernden Anteil nehmen
- Da-Sein, Zuhören
- Anregungen für alltägliche Hilfen (z.B. Tagebuch schreiben, Malen, Musikhören, Spazieren gehen, Entspannungsübungen, Bäder,...) geben
- Eigene „Geschichten" zurückhalten
- Keine Interpretationen oder wertende Stellungnahmen

⊃ 3. Trauerphase: Suchen und Sich-Trennen

Auf jeden Verlust reagieren wir mit Suchen. Was wird eigentlich in der Trauer gesucht? Der real verstorbene Mensch, das gemeinsame Leben mit ihm, gemeinsame Orte mit Erinnerungswert. Sogar in den Gesichtern Unbekannter wird nach den geliebten Gesichtszügen des Verstrobenen gesucht. Gewohnheiten des Verstorbenen werden übernommen.

Gemeinsame Erlebnisse sollen Teile der Beziehung retten und werden gleichsam als „Edelsteine" gesammelt. Dies erleichtert die Trauer. In inneren Zwiegesprächen wird eine Klärung offener Punkte möglich, kann Rat eingeholt werden.

Durch diese intensive Auseinandersetzung entsteht beim Trauernden oft ein starkes Begegnungsgefühl. Das ist unheimlich schmerzhaft und unendlich schön zugleich!

Im Verlaufe dieses intensiven Suchens, Findens und Wieder-Trennens kommt einmal der Augenblick, wo der Trauernde die innere Entscheidung trifft, wieder ja zum Leben und zum Weiterleben zu sagen oder aber in der Trauer zu verharren.

Je mehr gefunden wird, was weitergegeben werden kann, umso leichter fällt eine Trennung vom Toten. Dieses Suchen lässt aber auch oft eine tiefe Verzweiflung entstehen, weil die Dunkelheit noch zu mächtig ist. Suizidale Gedanken sind in dieser Phase relativ häufig.

Suizide, wie auch suizidale Impulse sind hier Zentrum der Beobachtungen und Interventionen. Der Gang zu einem Arzt kann jetzt unerlässlich werden. Ein kurzzeitiger Aufenthalt in einer Psychiatrischen Klinik oder in einem Kriseninterventions-Zentrum kann möglicherweise Leben retten.

Phasenübersicht:

- bei Trauerprozessen um Verstorbene wird die „Funktion" des Verstorbenen definiert und versucht, diesen Verlust durch etwas anderes zu ersetzen
- Erinnerungen an bisheriges Leben werden reflektiert und Zufriedenheit stellt sich ein
- Einsichtsphase, in der man beginnt, den Sinn des Verlustes oder der Krankheit zu verstehen
- Akzeptieren des Geschehens
- Übernehmen der Eigenverantwortung für das Leben
- Man beginnt Freude und Erleichterung zu empfinden

Diese Phase kann Wochen, Monate oder Jahre dauern.

Mögliche kreative Hilfen in dieser 3. Phase

- Alle Erlebnisse der Vergangenheit dürfen ausgesprochen werden – keine Zensur!
- Akzeptieren, dass immer wieder in den verschiedensten Formen „gesucht" wird
- Geduld
- Zuhören – auch wenn man die Geschichten alle schon kennt
- Gefühle ernst nehmen, die durch Erinnerungen oder Erzählungen wieder auftauchen
- Phantasien zulassen, die den Tod des Verstorbenen bezweifeln
- Bei suizidalen Äusserungen kontinuierlich begleiten
- Zeit lassen
- Kein Drängen auf Akzeptieren des Verlustes
- Unterstützung bei Ansätzen der Neuorientierung

➲ 4. Trauerphase: Neuer Selbst- und Weltbezug

Nachdem man seinen Schmerz herausschreien, anklagen und Vorwürfe machen durfte, kehrt allmählich innere Ruhe und Frieden in die Seele zurück. Der Tote hat dort seinen Platz gefunden.

Langsam erkennt man, dass das Leben weitergeht und man dafür verantwortlich ist. Es kommt die Zeit, in der man wieder neue Pläne schmieden kann. Der Trauerprozess hat Spuren hinterlassen, die Einstellung des Trauernden zum Leben hat sich meist verändert.

Der Verstorbene bleibt ein Teil dieses Lebens und lebt weiter in den Erinnerungen und im Gedenken.

> **Phasenübersicht:**
> - Öffnung zur Umwelt
> - Loslassen des Schmerzes
> - Entstehen neuer Werte
> - Neue Beziehungen werden erschlossen
> - Verifikationsphase, in der Einsicht getestet wird
> - Neue Verhaltens- und Erlebensweisen werden ausprobiert
> - Wunsch nach Nähe, Enge und Abstand, Autorität gleichzeitig

Das Überwinden des Höhepunktes der Krise scheint der entscheidende Punkt zu sein, der viel Kraft erfordert. Doch auch nach diesem und dem Durchlaufen der dritten Phase werden in der vierten Phase Anforderungen an den Betroffenen gestellt, die nicht immer leicht zu erfüllen sind.

Viele Menschen haben grosse Probleme damit, die neu gewonnen Erfahrungen und das Gelernte in die Praxis umzusetzen und den Mut aufzubringen, die dazu gehörigen Schritte auch zu leben, nachdem die emotionale Balance wieder hergestellt ist. Hier zeigt sich, dass eine Krise auch eine Chance für eine Entwicklung ist, die Wahrgenommen werden muss.

Mögliche kreative Hilfen in dieser 4. Phase

- Dazu beitragen, dass der Trauernde auch den Begleiter loslassen kann
- Akzeptieren, dass man so nicht mehr gebraucht wird
- Eigene „Bedürftigkeit", helfen zu müssen, überprüfen (Helfer-Syndrom!)
- Veränderungen im Beziehungsnetz des Trauernden begrüssen und unterstützen
- Neues akzeptieren
- Sensibel bleiben für Rückfälle
- Gemeinsame Formen suchen, die Trauerbegleitung behutsam zu beenden oder umzugestalten

(Aus http://www.johanniter.de)

Trauer ist eine emotionale Begleitung des menschlichen Schicksals. Das Thema Trauer gehört daher unbedingt ins Buchthema. Und wenn wir über das Schicksal etwas erfahren wollen, müssen wir uns unweigerlich mit dem emotionalen Geschehen der Trauer, also des Trauerns auseinandersetzen.

Trauerarbeit ist daher auch Schicksalsverarbeitung.

Schicksal und Sinn

Ob Schicksal einen Sinn hat oder Sinn macht, lasse ich einfach einmal dahingestellt. Oder ist es vielleicht gar unsinnig, sich diese Frage zu stellen?

Aber wenn sich uns Menschen und wenn sich unserem menschlichen Leben diese Frage stellt oder zu stellen scheint, und das tut sie unweigerlich seit Tausenden von Jahren, dann sollten wir wenigstens eine Antwort auf diese Frage versuchen. Sonst wäre die Frage wirklich unsinnig.

Also versuche ich mich trotzdem in der Frage nach dem Sinn unseres Schicksals. Letztlich lässt sich mit der Antwort wahrscheinlich nichts anfangen, weil niemand weiss, wie die umschriebene Frage „macht Schicksal einen Sinn" eigentlich exakt gestellt werden muss.

Vielleicht lautet die Antwort einfach „42", wie im Roman des Autors Douglas Adams ‚Per Anhalter durch die Galaxis'. In diesem Roman, eigentlich einem Science-Fiction-Roman, wird einem riesigen, leistungsfähigen Computer diese durch uns Menschen unklar formulierte Frage gestellt. Nach langen und aufwendigen Rechenleistungen spukt dann der überforderte Apparat endlich eine Antwort aus. Sie lautet: 42!?

Nun ist die Antwort auf die Frage, was denn der Sinn des Schicksals sei, zwar da, aber niemand kann damit etwas anfangen. Auch wir nicht.

Die Frage nach dem Sinn eines Schicksals (oder Unglückes) ist gleichzeitig auch die nach der Bedeutung des Schicksals für unser Leben und die nach der Bestimmung des Menschen. Diese kennt ja eh niemand so genau. Was ist die Bestimmung des Menschen? Wozu sind wir da? Einfach nur zum Leben? Welchem Sinn dient unsere Lebendigkeit?

Ist er ein göttliches Gebot? Ein bestimmtes Verhalten der Natur? Oder besteht die Bestimmung des Menschen einfach darin zu leben, weil ihm bei der Geburt das Leben geschenkt wurde? Ist die Bestimmung des Menschen seine Fortpflanzung, damit Leben und lebendig sein als solches in diesem Universum ununterbrochen weiter besteht? Immerhin muss es wohl sinnvoll gewesen sein, dass diese Welt, auf der wir uns befinden, einst Lebewesen schuf. Und dies erst noch in einer Vielfalt, dass einem schwindelig werden kann. Dieser Reichtum, diese Fülle an Leben! Phantastisch! Und alles Leben ist erst noch beseelt! Aber stand je ein Sinn dahinter?

Man könnte jetzt antworten: nein! Leben und lebendig sein, ist für dieses Universum nicht wichtig und notwendig. Das Universum hat zwar das Leben als solches hervorgebracht. Oder irgendein Gott, wie viele Menschen glauben. Aber man könnte alles Leben auf dieser Welt auch wieder ausrotten und das Weltall nur als tote Masse weiter existieren lassen. Ab was für einen Sinn würde dann die Ausrottung machen?

Aber das Sterben und der Tod macht, wie auch das Leben, dann ebenfalls keinen Sinn. Oder kann man sagen, dass Totsein, Sterben und Tod einen impliziten Sinn hat? Da beisst sich etwas in den eigenen Schwanz, wenn auch das Leben keinen Sinn haben soll.

Zudem gehört zum Leben und lebendig sein untrennbar auch das Sterben und der Tod. Beides ist dasselbe, eine Einheit im Ganzen, die untrennbar ist.

Macht Schicksal jetzt Sinn? Es gehört zum Leben und bildet mit ihm eine Einheit, wie das Leben eine Einheit bildet mit dem Sterben und dem Tod. Wenn also Leben Sinn machen sollte, dann müsste auch das Schicksal einen solchen haben. Und wenn Leben keinen Sinn macht, dann ist das Schicksal und damit jeder Schicksalsschlag ebenfalls unsinnig.

Wenn Leben Sinn macht, wenn Schicksal Sinn haben sollte, dann wäre es für unser menschliche Leben auch sinnvoll, wenn wir der Erhaltung unserer Mutter Erde mehr Sorge tragen würden. Das tun wir jedoch zu wenig! Seltsam!

Luft und Wasser sind wichtige lebenserhaltende Parameter und ohne Luft und Wasser stirbt der Mensch. Wir versauen jedoch diese lebenswichtigen Parameter tagtäglich und bald werden wir knappe Ressourcen an Luft und Wasser auf dieser Erde vorfinden.

In einigen Grossstädten können Menschen kaum mehr frei atmen vor lauter Smog und Feinstaub. In vielen Gewässern ist das Wasser schon so stark verschmutzt, dass wir nur wenig davon trinken müssten, um ernsthaft Schaden an unserer Gesundheit zu nehmen und an diesem Gift zugrunde zu gehen.

Und wir fragen uns immer noch, ob unser menschliches Schicksal einen Sinn macht? Angesichts unsauberer Luft und verschmutztem Wasser eine wirklich idiotische Frage.

Geschieht uns nur das Allerkleinste, geraten wir schnell in eine existenzielle Sinnkrise, nur weil wir Ereignisse nicht mehr in das vorhandene Sinnkonzept integrieren können. Wir verlieren den Sinn und deuten Sinnverlust sofort als Krankheit. Aber ist Sinnverlust denn überhaupt eine Krankheit? Da ist ja noch gar nichts Pathologisches daran, dass wir Menschen unseren Sinn im Leben hin und wieder mal aus den Augen verlieren.

Wenn wir über unseren ‚verlorenen' Lebenssinn nachdenken, den wir übrigens nur verlieren können, wenn wir ihn einst hatten, dann sinnieren wir im Grunde genommen über unser Glück. Warum müssen wir zu jeder Zeit glücklich sein und es anderen Menschen gegenüber sogar vortäuschen?

Wer ist schon wirklich glücklich? Ich kann beim besten Willen nicht behaupten, dass mir viele glückliche Menschen begegnet sind. Die meisten Menschen sehen nicht gerade glücklich aus. Sie tun eh nur so! Manchmal kommt es mir sogar so vor, als wären sie allesamt eher unglücklich! Glücklich sein, oder zu scheinen, als Gesichtsausdruck jedenfalls, ist eher etwas Verbotenes, Ungehobeltes und Unerwünschtes in unserer Gesellschaft. Und verdammt selten zu sehen!

Aber unglücklich aussehen, darf man auch wieder nicht und sollte es unter keinen Umständen anderen Menschen zeigen. Und wenn wir einmal gefragt werden, warum wir so unglücklich aussähen, verwerfen wir diese Interpretation und behaupten, wir seien überaus glücklich.

Haben wir Sinnsuchende uns auch schon einmal gefragt, welchen Sinn es macht, wenn wir uns nach dem Sinn dieser ‚Lebenssinn-Frage' fragen? Warum stellen wir uns eigentlich so schwierige Fragen, die niemand befriedigend beantworten kann? Warum werden wir so gedrängt, genau diese schwierigen Fragen beantworten zu wollen! Was gewinnen wir, was verlieren wir, wenn wir die Lebenssinnfrage oder die ‚Schicksalssinnfrage' beantworten oder nicht beantworten?

Gewinnen wir mehr Freude am Leben? Oder verlieren wir die Freude am Leben? Muss unser Schicksal wirklich einen Sinn haben? Und muss diese Frage zwingend eine positive Antwort ergeben? Was ist, wenn die Antwort negativen Charakter hätte?

Wir könnten jetzt zynisch werden oder einfach verzweifeln. Dem Schriftsteller und Philosophen Albert Camus war das Leben grundsätzlich absurd. Er meinte damit auch, es sei unsinnig. Vielleicht ist es dies auch. Aber vielleicht ist es schon absurd, wenn die Frage nach dem Sinn des Schicksals ergibt, dass wir das Leben grundsätzlich als absurd ansehen sollten.

Denn wenn das Leben an sich absurd ist, ist jede Frage nach dem Sinn des Schicksals obsolet. Die Frage nach dem Schicksal stellt sich nur, wenn das Leben für uns Sinn macht. Dann wäre die Frage nach dem Schicksal der Beweis, dass Leben Sinn macht.

Schicksal hat wohl auch etwas Absurdes an sich. Hitler und seine Schergen betrachteten die Endlösung der Judenfrage, wie sie diese nannten, den Holocaust, als sinnvoll. Absolut absurd ist so etwas und unsinnig! Sie erkannten in der Tötungsmenagerie grossartigen Sinn und waren sogar stolz darauf, endlich etwas Positives für die Menschheit getan zu haben.

Die Sinnfrage kann also vollkommen entgleisen und aus dem Ruder laufen. Wenn ein ganzes Volk in den Holocaust gezogen wird und dem Töten von Millionen von Menschen einen Sinn abringt, dann hat ein Schicksalsschlag eines einzelnen Menschen auch einen Sinn. Man kann in dieser Frage ja gar nicht anders denken.

Und doch war alles vollkommen unsinnig. Brutal. Menschenunwürdig. Katastrophal. Aber zu diesen Prämissen neigt wohl die Spezies Mensch.

Und nun kommt es noch seltsamer daher, wenn ich behaupte, dass der Mensch seinem Leben in jeder Situation Sinn abgewinnen kann. Dies ist wirklich bewiesen, denn es gab einige Holocaust-Opfer, die hinter dem eigens erlebten Holocaust, hinter dem peinvollen Leben in den Todesbaracken, hinter den täglichen Schindereien der Nazi-Schergen, hinter allem Morden, Töten und Quälen einen Sinn für ihr Leben abgewinnen konnten, der verhinderte, sich das eigene Leben in Freiheit durch Selbsttötung zu nehmen. Es ist ein Wunder! Auch Schicksal macht also Sinn.

Adorno sagte dazu: "Wer ein WARUM zu leben hat, erträgt fast jedes WIE."

Wer also nach einem schweren Schicksalsschlag noch ein Warum zu Leben hat, erträgt ihn. Das Überleben ist der Sinn des Lebens!

Hier will ich in meinen Ausführungen innehalten und mich bei allen Menschen, die durch meine obigen Ausführungen zum Holocaust allenfalls vor den Kopf gestossen wurden, entschuldigen. Der Einbezug des Holocoust in meine Ausführungen zur Sinnfrage des Schicksals geschah deswegen, weil ich dadurch aufzeigen wollte, dass wir Menschen uns die Sinnfrage auch im Kontext der gesamten Gesellschaft stellen müssen und nicht nur im individuellen und persönlichen Sinn.

Die Sinnfrage nach dem Schicksal des Lebens hat immer auch eine politische und gesellschaftliche Dimension. Wir Menschen müssen hierzu wissen, dass wir noch immer unsere Führer brauchen. Staatsmänner, Politiker und Wirtschaftskapitäne, die uns leiten, manipulieren und denen wir wie blind hinterher laufen und von ihren sprachlichen und moralischen Absonderungen begeistert sind. Noch immer ruft der Mensch nach einem Erlöser. Der Ruf nach dem Messias ist nie zu Ende.

Kriege sind schnell in die Wege geleitet und Wertesysteme, die jahrelang galten, schnell weggeworfen und durch neue, dubiose ersetzt. Holocaust ist überall auf dieser Erde möglich und überall wiederholbar.

Der Ruf nach dem grossen Führer bleibt allgegenwärtig! Wehe, wenn dieser die Moral mit den Füssen tritt. Dann macht das Leben keinen Sinn mehr, nur noch das Überleben!

Abschliessend möchte ich behaupten, dass ein Schicksalsschlag *im Grunde genommen* unsinnig ist, oder besser noch, sinnwidrig. Wir Menschen wollen jedoch im Unsinn des Schicksals einen Sinngehalt erkennen. Sinnloses will Sinn haben. Erkennen wir Lebenssinn, wollen wir überleben. Wollen wir überleben, anerkennen wir Sinnhaftigkeit. Fehlt uns jedoch jeglicher Lebenssinn, dann ruft uns Thanatos!

Wenn wir dies fertig bringen sollten und Sinn im Schicksal gefunden haben, dann ist eines gewiss: Wir haben eine riesengrosse Leistung vollbracht, indem wir Sinn im Schicksal erkannten. Es war der Ruf des Lebens! Eine Leistung, vor der wir den Hut zu ziehen haben! Chapeau!

Aber dem, der seinem Schicksal keinen Sinn abzuringen vermag, und den Thanatos zu sich ruft, dem müssen wir Mitmenschen unsere Hilfe und Begleitung anbieten und für ihn da sein. Denn, wenn wir auch anerkennen, dass ein Schicksalsschlag keinen Sinn an sich hat, so macht das Leben einen Sinn, solange wir noch leben könnten.

Schicksal und Psychotherapie (Psychoanalyse)

Menschliches Schicksal, oder die Frage danach, begleitet eigentlich jede Psychotherapie und jede Psychoanalyse. Das „Gut-Böse"- Problem ist in jeder Psychotherapie allgegenwärtig. Nicht nur die Art und der Ausdruck der seelischen Problematik, sondern auch die Beziehung zwischen Patienten und Therapeuten, ist schicksalsbestimmt.

Wir erinnern uns an den Satz von Hermann Hesse. Nach ihm wächst Schicksal in unserem eigenen Inneren, also innerhalb unserer Psyche. Hesse wirft damit die Frage auf, ob denn nicht alles nur aus dem äusseren Zufall entstehe, sondern eher aus unserem eigenen Inneren entstamme. Also aus unserem Selbst, unserer Seele, unserem Ich, Ego, Charakter und unserer Persönlichkeit erwachse.

> Schicksal,
> das wusste er jetzt,
> kam nicht von irgendwo her,
> es wuchs im eigenen Innern.
> (Hermann Hesse)

Noch deutlicher wird etwas im Sprichwort 'Der Charakter des Menschen ist sein Schicksal!' ausgesagt. Nämlich: Unser Schicksal sei auch Charaktersache!

Seelische Krankheiten sind schliesslich Schicksale, die behandelt werden können! Die Psychopathologie des Menschen ist sein Schicksal. Krankheiten bemächtigen sich unserer Seele. Mit Seele meine ich hier unser Selbst, unser Ich, unseren Charakter und auch unsere Persönlichkeit. Unsere Art uns zu Verhalten ist direkter Ausdruck dieser seelischen Krankheit. In vielen Bereichen tangiert die seelische Krankheit auch unsere Körperfunktionen direkt, was sich deutlich in psychosomatischen Erkrankungen zeigt. Seele und Körper bilden schliesslich eine Einheit.

Seelische Probleme jedoch erwachsen uns nicht nur aus einer psychischen Erkrankung, wie etwa aus einer Depression oder einer Angststörung. Jeder Mensch macht in seinem Leben zwischenmenschlich und sozial schmerzhafte Erfahrungen, die ihn herausfordern und die es zu verarbeiten gilt. Konfliktreiche Beziehungen erfahren wir nicht nur innerhalb von schwierigen Scheidungen, sondern auch innerhalb von problematischen Freundschaften oder in kritischen Arbeitsbeziehungen.

Viele Menschen erleben Arbeitskonflikte. Wir erfahren verschiedene Probleme der täglichen Arbeit. Schnell sind wir ausgebrannt, werden dünnhäutig und sind bald überfordert. Vielleicht bahnen sich dabei noch zusätzlich Konflikte mit unseren Vorgesetzten an. Es kündigt sich womöglich eine Entlassung und Arbeitslosigkeit an, die unsere Existenz bedroht.

Auch im familiären Umfeld kann es zu massiven Spannungen kommen. Ein Ehepartner geht fremd, die Kinder stecken inmitten von Schulproblemen, Schulden lasten auf unseren Schultern. Vielleicht sind wir alleinerziehend und dadurch kaum noch in der Lage, alle Anforderungen, die das Leben an uns stellt, zu erfüllen.

In einer Psychotherapie oder Psychoanalyse setzen wir uns konkret mit unseren Problemen (Krankheiten, Psychopathologie) auseinander und versuchen diese zu bewältigen und neue Wege zu finden. Wir probieren für uns ungewohnte Verhaltensweisen aus, hinterfragen Kognitionen, machen neue Erfahrungen, räumen mit Vergangenem auf. Manchmal ist ein psychopathologisches Symptom auch heilbar. Depressionen etwa sind heilbar. Streitsuch oder Nachgiebigkeit.

Vielleicht analysieren und erkennen wir an uns einige typische Verhaltens- und Kognitionsmuster, die uns in unserem Leben immer wieder Probleme und Hindernisse bereiten. Vielleicht brechen unterdrückte Gefühle auf, die wir endlich zulassen, ausleben und eine Richtungen geben sollten.

Oder wir setzen uns mit unserer sogenannten Schattenseite auseinander. Sie beinhaltet das Böse, das Hässliche in uns, das Niederträchtige und Verwerfliche, das Unmoralische, das Unechte, das Zwiespältige, das Dunkle unserer Seele, die ja auch eine Mördergrube sein kann.

Da die meisten psychischen Krankheiten und Verhaltensweisen über einen langen Zeitraum entstanden sind, braucht es für ihre Behandlung oft auch Monate, wenn nicht gar Jahre. Eine Veränderung zu erreichen in zwischenmenschlichen Konflikten oder gewohnten Denk- und Verhaltensmustern, ist nicht einfach.

Vielleicht leiden wir an einer uns nicht bewussten Persönlichkeitsstörung oder erleben manische Episoden, die durch depressive Phasen abgelöst werden. Oder wir leiden unter Zwängen, Ängsten oder Panikattacken oder irgendwelchen anderen neurotischen Störungen. Womöglich zeigt sich in unserem übermässigen Konsum von Alkohol eine Abhängigkeitsstörung.

Wir könnten jetzt einfach alles als unser **_unabänderliches Schicksal_** betrachten und der Meinung sein, dagegen könnten wir nichts unternehmen. Wir nähmen dann unser Schicksal einfach hin, ohne etwas dagegen zu tun. Aber wir können etwas gegen unser Schicksal tun, wenn es sich um solche Krankheitsbilder handelt, weil diese oft heilbar sind. Oder wenigstens könnten wir durch fachliche Hilfe (Stichwort: Psychoedukation) mit unserem Krankheitsbild besser umgehen.

Aber genauso wie ein Diabetologe uns hilft, die Folgen unserer Diabeteserkrankung zu mildern, genauso wie ein Onkologe uns gegen die Folgen einer Krebserkrankung behandelt, wird uns ein Psychotherapeut oder Psychoanalytiker helfen, unsere Seelenprobleme in den Griff zu bekommen.

Niemand ergibt sich willenlos seiner Erkrankung und auch niemand willenlos seinem Schicksal! Bei körperlichen Krankheiten wie bei seelischen, besteht die Möglichkeit einer vollständigen Heilung! Das heisst jetzt nichts anderes, als dass wir damit auch unser ***Schicksal beeinflussen*** können.

Somit können wir nichts Geringeres, als auch unser Schicksal zu heilen versuchen! Manches Schicksal ist damit nicht nur beeinflussbar, sondern sogar heilbar. Aber dies müssen wir zuerst erkennen!

Offenbar ist unser „Fatum" nicht immer nur ein unabänderlicher „Götterspruch"! Es stimmt auch nicht, dass wir gegen das Schicksal völlig machtlos sind! Ganz bestimmt nicht in jedem Fall und unausweichlich.

Seele oder Psyche ist nicht ein festgelegtes und unabänderliches Ding in uns, welches wir nicht beeinflussen können. Unsere Seele und Psyche ist ein offenes System, welches wohl – einmalig in diesem Universum – mit sich selbst kommunizieren, sich selbst reflektieren und sich selbst verändern kann.

Dies jedoch würde bedeuten, wenn es denn stimmt, dass wir unser Schicksal in vielen Bereichen unserer Seele und Psyche beeinflussen und steuern könnten. Wir hätten dann Einfluss auf unsere Gegenwart und Zukunft.

Was meinen Sie, liebe Leserin, lieber Leser: Können wir Menschen unser Schicksal selber beeinflussen?

Fangen wir doch mal mit unserer Esoterik und mit unserem Glauben an! Das könnte sich jetzt so richtig lohnen!

Schlusswort

Endlich geschafft! Wir sind hier beim Schlusswort. Ich möchte mich bei Ihnen bedanken, liebe Leserin und lieber Leser, dass Sie dieses Buch bis hierher gelesen haben und ich hoffe, Sie haben dabei etwas über das Thema Schicksal in Erfahrung gebracht.

Es würde mich freuen, wenn Sie Anregungen durch meine Ausführungen erhalten haben. Möglicherweise sogar Einsichten, die Sie zu neuen Erkenntnissen gebracht oder wenigstens dazu verleitet haben, solche durch eigene Vertiefungen durch das Selbststudium weiterführend zu erwerben.

Mit meiner Auswahl an Themen, die alle eine Beziehung zum Schicksalsbegriff aufweisen, mit meinen Ausführungen zu den geschichtlichen Aspekten des Schicksals (Antike), zur Esoterik, zum Karma und dem allzu menschlichen magischen Denken, zur Selbstwirksamkeit, zum Empowerment, zur Resilienz, Salutogenese und Pathogenese, zur Attribution und Kognition, zum Krisenmanagement und zur Krisenintervention, zur Notfallpsychologie und Psychoonkologie, sowie zur Psychotraumatologie, Thanatologie (Trauer) und Psychotherapie, wollte ich Ihnen das Thema etwas schmackhafter und verständlicher machen. Ich hoffe, es gelang.

Sie haben ein schwieriges Thema gewählt mit dem Kauf dieses Büchleins und haben damit bewiesen, dass Ihnen Ihr Schicksal nicht vollends egal ist. Dazu erhalten Sie meine Ehrerbietung! Mit der weiteren Auseinandersetzung wünsche ich Ihnen viel Spass und viel Erfolg!

Falls Sie Anregungen haben oder Bemerkungen zum Inhalt dieses Buches, würde ich mich sehr freuen, diese zu erfahren.

E-Mail: jakob-landolt@gmx.ch

Glossar

Konnotation
Das ist die mit einem Wort verbundene zusätzliche Vorstellung

Dissoziation
Der Begriff „Dissoziation" meint Zerfall, Trennung, Abspaltung oder Auflösung eines ursprünglich Ganzen in Einzelteile oder Fragmente. Im Zusammenhang mit der Psychologie versteht man darunter die krankhafte Entwicklung eines Menschen, in deren Verlauf zusammengehörende Denk-, Handlungs- oder Verhaltensabläufe in Einzelheiten zerfallen (abgespalten werden), wobei deren Auftreten weitgehend der Kontrolle des Einzelnen entzogen bleibt.

Voluntarismus
Philosophische Lehre, die den **Willen** als Grundprinzip des Seins ansieht.

Fatalismus
Das ist eine innere Haltung, bei der die Ergebenheit in die als unabänderlich hingenommene Macht des Schicksals das menschliche Handeln bestimmt. (Ggs. Voluntarismus)

Determinismus
Philos. Lehre, dass der menschliche Wille von äusseren Ursachen bestimmt und nicht frei sei.

Okkultismus:
Lehre von aussersinnlichen Wahrnehmungen (Telepathie), übernatürlichen Erscheinungen und Kräften, die rational nicht erklärbar sind. Esoteriker jedoch sind dazu in der Lage oder vermeinen leider, dazu in der Lage zu sein. Auf jeden Fall entwickeln sie so allerlei Firlefanz um den Okkultismus und können in beeindruckenden Ritualen und Beschwörungsergüssen, mit Ihrem verstorbenen Onkel oder Ihrer bösen Schwiegermutter in direkten Kontakt treten. Man kann nur hoffen, dass die Aussagen des Onkels oder der bösen Schwiegermutter Ihrem Lebensvollzug keinen Negativeffekt um Ihre zart beseitete Seele hängen.

Upanishaden
Das sind käufliche Bücher, philosophisch-theologische Abhandlungen des Brahmanismus in Prosa und Versen am Ende der Veden. (Veden sind Schriften des Hinduismus)

Quantenarbeit, Quantentherapie
Ein durch Esoteriker besetzter Begriff von nicht einfach verständlicher Fasslichkeit, so dass anzunehmen ist, dass diese selbst nicht recht wissen, wovon sie eigentlich reden. Wichtig scheint ihnen, diesen okkulten und eigentlich nicht verständlichen Begriff auf die Titelseite ihrer gewichtigen Bücher zu setzen, in der Hoffnung, dass er beim Lesepublikum verfängt und Kaufwirkung zeigt.

Fragen Sie mich nicht, wie Esoteriker gedenken mit Quanten zu arbeiten oder zu therapieren. Sie werden wohl Hand auflegen und die Elementarteilchen mit Apparaten ganz schon in ein chaotisches Durcheinander bringen und dann für diese erfolgreiche Therapie eine Menge Lohn kassieren.

Quanten/Quantum:
Die Bezeichnung "Quanten" wird allgemein für Elementarteilchen (nicht mehr weiter teilbare Teilchen) benutzt, wenn ihr korpuskulares und nicht ihr wellenartiges Verhalten im Vordergrund steht. Die Erkenntnis, dass jede Materie (Elektronen, Protonen, Atome, Moleküle,...) nicht nur Teilcheneigenschaft besitzt, sondern auch als Welle ("Materiewelle", de Broglie-Gleichung) beschrieben werden kann, ist eine der wichtigsten Errungenschaften der modernen Physik. So ...!

Hyperarousal
Bezeichnet im Zusammenhang mit der Posttraumatischen Belastungsstörung die Symptome der vegetativen Übererregung: Schlafstörungen, Schreckhaftigkeit, erhöhte Reizbarkeit und mangelnde Affekttoleranz, pausenlose Gedanken durch den Kopf gehen, nicht abschalten können.

Prädestination
göttliche Vorherbestimmung, Bestimmung des Menschen zur Verdammnis oder Seligkeit

Psychoedukation
ist die Vermittlung von wissenschaftlich fundiertem Wissen, welches sich auf Informationen zu psychischen Erkrankungen bezieht. Sie beinhaltet die Aufklärung von Patienten und Angehörigen über physische und psychische Erkrankungen und soll das Krankheitsverständnis und den selbstverantwortlichen Umgang mit der Krankheit fördern. Zur Anwendung kommen gesprächstherapeutische und verhaltenstherapeutische Prinzipien.

Ziele sind:

- Information über die Erkrankung und deren Entstehungsmechanismus
- Erläuterung der Therapieprinzipien (inkl. Medikamente)
- Verbesserung von sozialen Fertigkeiten
- Verbesserung des Umganges mit Familienmitgliedern
- Verbesserung der Stressbewältigung
- Rückfallprophylaxe
- Ressourcenaktivierung

Psychoedukation wird angewandt bei schweren, körperlich und psychisch belastenden Erkrankungen wie: Krebs, Diabetes, Herzprobleme, Depressionen, Borderline, Psychosen etc.

Literatur und Quellen

(aus www.google.ch)
(aus https://de.wikibooks.org/wiki/Zufall:_Psychologie)
(aus https://de.wikipedia.org/wiki/Tyche)
(aus https://de.wikipedia.org/wiki/Geistheilung)
(aus https://de.wikipedia.org/wiki/Astrologie)
(aus https://de.wikipedia.org/wiki/Empowerment)
(aus https://de.wikipedia.org/wiki/Hardiness)
(aus http://www.pflegewiki.de/wiki/Krise)
(aus http://www.johanniter.de)
(aus http://www.psychotraumatologie-weiterbildung.uzh.ch/de/verfahren/net.html)

Verena Kast
Trauern, Phasen und Chancen des psychischen Prozesses. Stuttgart (1990) 2008
Kreuz Verlag

Hermann Hesse

Weitere Quellen sind im Text genannt.

Bemerkungen:

Sollte ich in meinen Ausführungen Rechte verletzt haben, in dem ich Beiträge, Grafiken und Skalen aus dem Internet oder aus Büchern entnommen habe, so bitte ich hiermit um Entschuldigung. Quellen sind bezeichnet oder in der Literaturliste aufgeführt. Es ist nicht meine Absicht, mit fremden, nicht aus meiner Feder stammenden Artikeln Geld zu verdienen oder dadurch mein Ansehen zu erhöhen.

Die diesem Buch eingefügten und von mir ausgewählten Beiträge, Grafiken und Skalen sind eine Bereicherung für dieses Thema.

Gerne bin ich bereit, weitere Quellenangaben im Text oder unter der Rubrik „Literatur" in neuen Auflagen dieses Buches einzufügen, oder falls gewünscht, Inhalte zu streichen.

Ich bedanke mich.

Weitere Bücher des Autors:

Fr. 22.30

Miranda M
Die Dissoziative Identitätsstörung
Missbrauch, sexualisierte Gewalt, Inzest
BOD, Norderstedt, 2014
ISBN: 978-3-7357-1875-4

Fr. 16.70

Persönlichkeit und Persönlichkeitsstörungen
BOD, Norderstedt, 2016
ISBN:978-3-7412-5604-2

Im freien Buchhandel erhältlich.